LE GUIDE PARLEMENTAIRE DES
ASSEMBLÉES   ÉCCLÉSIALES

Vrai Catalyseur

Le Rév. Dr. François K. Akoa-Mongo

RÈGLES ET PRÉCÉDENCE DES MOTIONS

RÈGLES ET PRÉCÉDENCE DES MOTIONS

Ordre de Précédence	Inter	Second	Amend.	Débat	Vote
1.Fix quand ajourner	non	Oui	Oui	non	Major
2. Ajourner	non	Oui	non	non	Major
3. Repos	non	Oui	non	Oui	Major
4.Q. Priv.	Oui	non	non	non	Non
5. Ordre jour	Oui	non	non	non	non

LES MOTIONS SUBSIDIAIRES

6.tabler	non	Oui	non	non	Major.
7.Q.Pré	non	Oui	non	non	2/3
8. Li ou pro/déb.	non	Oui	Oui	non	2/3
9.Retard	non	Oui	Oui	Oui	Major.

10.com. ou référer	non	Oui	Oui	Oui	Major.
11.Amed	non	Oui	Oui	Oui	Major
12.R.Ind	non	Oui	non	Oui	Major
13.M.P.	non	Oui	Oui	Oui	Major

CES MOTIONS N'ONT PAS D'ORDRE DE

PRÉCÉDENCE

LES MOTIONS D'INCIDENCE

	Inter	Second.	Amend.	Débat.	Vote
Point d'ordre	Oui	non	non	non	Major
Appel	Oui	Oui	non	Oui	Major.
Enquête. Parlement.	Oui	non	non	non	Major.

3

	Inter.	Second.	Amend.	Débat.	Vote
Point D'inform.	Oui	non	non	non	Non
Division Assem	Oui	non	non	non	Non
Div. Quest	Non	Oui	Oui	non	Major
Sus. règles	non	Oui	Oui	non	Major

LA RESTORATION DES MOTIONS

	Inter.	Second.	Amend.	Débat.	Vote
Reconsidéra.	Oui	Oui	Non	Oui	Major.
Ann/amend. été adopté.	Non	Oui	Oui	Oui	2/3
Pren.table	Non	Oui	non	non	Major

AVANT PROPOS

Mon souvenir des assises de l'Eglise Presbytérienne Camerounaise de Janvier 2015 à Dang m'a laissé une image qui ne s'effacerait que si, un jour, les dirigeants de cette Eglise pourraient adopter ce manuel comme leur guide.

Pour qu'une réunion soit efficace, il est très utile pour ceux qui participent de savoir quelque chose à propos de la procédure parlementaire. En fait, voilà comment Henry Martyn Robert a décidé de développer les règles de procédure de Robert les bien connues. En tant qu'officier du génie civile dans l'armée, il a demandé de diriger une réunion de l'église et se rendit compte qu'il ne savait pas quoi faire. Il a fait une tentative ; étant extrêmement gêné, il a eu la détermination d' apprendre le droit parlementaire.

Avec son expérience des réunions chaotique de l'Eglise, il a écrit le manuel de poche des règles de procédure pour les assemblées délibérante en 1876. Maintenant à sa dixième édition, les règles de procédure Robert nouvellement révisée ont été complétement modifiées et raffinées pour plus de clarté et la cohérence.

DÉFINITIONS

Fondamentalement, la procédure parlementaire est un code de règles et d'éthique pour le travail en groupe. Selon le Manuel de Déméter de la loi et de la procédure parlementaire, le droit parlementaire se réfère à la «Règles, aux lois ou aux règlements des organisations, régissant les transactions ordonnées, rapides et efficaces des entreprises, des réunions et des conventions. Si tout cela se faisait sans règles, il y aurait injustice et la confusion. Par conséquent, il est aussi nécessaire de suivre les règles du droit parlementaire comme il est de suivre les règles d'un jeu de balle ou d'un jeu de cartes ".

"Toutes les organisations commerciales, culturelles, religieuses, sociales, fraternelles, professionnelles, éducatives, scientifiques, médicales et gouvernementales sont soumises aux principes et règles du droit parlementaire commune. Toutes les sociétés et associations sans but lucratif et les conseils d'administration, commissions et comités de gouvernement, doivent respecter ses règles ".

FORMES

Il existe plusieurs formes de la procédure parlementaire. Les règles de Robert sont les plus populaires, utilisées par environ 80 pour cent de groupes. Un autre manuel, celui de Demeter est utilisé par environ 5 pour cent, en particulier les syndicats. Autres livres parlementaires comprennent des règles de Riddick de procédure, le Manuel de Mason de la procédure législative (utilisé par de nombreuses législatures d'État), et les règles de procédure de Bourinot (utilisé au Canada).

LES PRINCIPES DE BASE

La procédure parlementaire facilite la transaction de l'entreprise et favorise la coopération et l'harmonie.

Tous les membres ont les mêmes droits, privilèges et obligations. La volonté de la majorité doit être effectuée, et les droits de la minorité doivent être préservés.

Le quorum doit être présent pour le groupe à agir.

Le débat complet et libre de toute motion est un droit fondamental.

Une seule question à la fois peut être considérée à un moment donné.

Le président devrait être strictement neutre.

L'ORDRE ET LE CONTRÔLE

Les deux principaux objectifs de la procédure parlementaire sont, premièrement de maintenir l'ordre lors d'une réunion et deuxièmement d'assurer que la réunion se termine à un moment approprié. Les réunions sans procédures formalisées peuvent prolonger bien au-delà d'un délai raisonnable, souvent sans résoudre aucune importante question ou accomplir nécessairement ses travaux.

Une troisième raison pour l'utilisation de la procédure parlementaire est de contrôler la direction de la réunion et le résultat d'une question particulière en cours de discussion. Bien que tout cela puisse être sous-entendu, il y a des moments où les questions controversées sont mieux résolues simplement en mettant à l'œuvre les ressources qui sont nécessaires et souhaitées pour atteindre un juste but.

Il pourrait être utile de discuter de quelques questions de procédure parlementaires communes qui peuvent avoir besoin des éclaircissements.

Il faut la pratique d'avoir rien qu'une seule motion en présence avant que les «débats» ou discussion ont lieu, ou l'inverse, avoir une discussion avant une motion est construite. Curieusement, certains parlementaires ont des opinions divergentes. Certains estiment que la procédure rend les réunions trop courte puisqu'il faut seulement débattre la motion qui est présentée. D'autres croient que la discussion devrait avoir lieu avant la motion. Il est suggéré d'essayer les deux méthodes et utiliser celle qui fonctionne le mieux.

L'ORDRE DE PRÉSENCE

L'ordre de priorité des motions est principalement utilisé pour maintenir la cohérence dans le fonctionnement d'une réunion. Connaissant l'ordre et l'utilisant correctement fera couler la réunion sans interruption et avec rythme. Une fois que les participants aux réunions comprennent qu'il y a un ordre de ce qui peut être fait et quand, cette procédure limite les tentatives futiles pour la prolonger ou la perturber.

Dans les questions controversées ou extrêmement importantes, l'ordre de priorité permet à l'exécutif de contrôler les motion qu'on peut placer sur la table (et comment) et celles qu'il faut traiter sans attendre. Encore, cet ordre offre également aux participants et invités d'être entendu.

EN RÉSUMÉ

Entendre un parlementaire parler utilisant le vocabulaire parlementaire est chose très intéressante ; mais pour ceux qui n'en savent rien, c'est parfois un charabia. Ce langage est parfois difficile pour la plupart d'entre nous. Mais il faut l'apprendre. Il servira les groupes pour bien travailler et former le fondement du droit parlementaire afin de rendre les travaux de nos réunions efficaces et possibles.

DÉDICACE

Je dédie ce deuxième livre sur la Procédure Parlementaire à mon fils le Rév. Bikôé Onana et au Rév. Djob Daniel , tous deux du consistoire Corisco-Kribi. Que le Seigneur continue de les guider dans leur saint ministère.

DE L'AUTEUR

Ce livre qui a pour titre le Guide Parlementaire des Assemblées Ecclésiales est une traduction intégrale du livre intitulé, A Parliamentary Guide for Church Leaders » écrit par le professeur C Barry McCarty, qui était un professeur « public speaking and debate », Président du Collège Biblique et Séminaire de Cincinnati. J'ai obtenu sa permission de le traduire en français. Il est mon 36e livre. Vous pouvez les acheter dans amazon.com.

TABLE DE MATIÈRES

CHAPITRE I

POURQUOI AVOIR UN GUIDE PARLEMENTAIRE DANS LES ASSEMBLÉE DE L'EGLISE ?

(1) Les assembles Religieuses sont les opportunités pendant lesquelles les enfants de Dieu cherchent ensemble des solutions pour mieux remplir leur vocation.

Le système presbytérien ou tout autre système qui est composé des juridictions échelonnées attribue certains privilèges qui sont à la fois des droits et des devoirs à chaque juridiction. Ces droits et devoirs les rendent responsables devant Dieu et devant les juridictions supérieurs et inférieurs. Pour le cas de la session par exemple, elle est responsable devant Dieu et devant sa congrégation, et pour le cas de l 'Assemblée Générale, elle est responsable devant Dieu et devant toute l'Eglise. Pour se faire, à l'exception de la session, le consistoire, le synode et l'assemblée générale élisent un modérateur ; Mais dans ce manuel, nous allons plutôt l'appeler le président. La principale responsabilité du président de toutes les assemblées de l'Eglise *est le maintien de l'ordre* afin de faciliter le déroulement des travaux de l'assemblée.

(2) Les Assemblées Religieuses sont des Assemblées Délibérantes. Les délégués viennent pour chercher la volonté de Dieu ensemble à cause de certains problèmes.

Ce qui veut dire que quand les enfants de Dieu se réunissent, ils se réunissent parce qu'ils ont des problèmes qu'ils espèrent trouver ensemble des solutions. Ils ne viennent pas avec des solutions aux problèmes ; ils peuvent avoir quelques idées dans leurs têtes ; mais c'est ensemble que Dieu, avec l'assistance des Ecritures et sa présence du Saint Esprit qu'ils pourraient arriver aux solutions .

Partant de ce principe, le choix du président doit absolument répondre à cette idée de base d'être à l'attente de Dieu de travailler dans les cœurs de tous les délégués pour qu'à la fin, tout le monde soit convaincu que **« Dieu a parlé, il faut obéir »**. L'adjectif « délibérante » veut dire que les opinions sont librement exprimées et l'assemblée s'est prononcée selon les normes démocratique couronné par le vote.

Dans le cas où une position ferme est prise en dehors des assises ou que quelques autres objectifs influencent le vote final, l'assemblée perd son caractère délibératif. C'est dans la délibération, après avoir largement peser les contres et les pours, les désavantages et les avantages que les délégués doivent arriver à voter « contre » ou « pour » **la motion.**

(3) Les décisions de l'assemblée devraient toujours être prises d'une manière ordinaire.

Pour qu'on dise que l'assemblée a bien fait son travail, il faudra veiller que tout se passe dans l'ordre et que chaque problème qui lui est présenté est pris en considération. Mais si par contre, une assemblée n'a pas de **règles** de conduite et que chaque membre peut parler comme il veut et quand il veut et aussi longtemps qu'il veut et pour n'importe quoi qu'il veut, aussi souvent qu'il veut, il sera impossible de prendre une décision qui aura le caractère délibératif, et celle qui résout le problème en présence. **Les règles** sont là pour permettre au forum ordinaire composé des membres d'exprimer ses désires ses visions et inspirations en tout problème présenté à l'assemblée.

Les deux plus importantes règles auxquelles que doit strictement appliquer une assemblée délibérante pour préserver l'ordre sont :

(a) l'assemblée doit traiter rien qu'un seul sujet à la fois. Pour le faire, le membre qui premièrement prend la parole pour introduire le sujet que l'assemble prend en considération doit le fera par **voie de motion**. Cette motion doit être secondée afin que le président ouvre les débats. Si la motion est faite sans être secondée, l'assemblée n'a rien à débattre. Ce qui veut donc dire qu'on ne prend pas la parole dans une assemblée délibérante pour dire n'importe quoi. Quelqu'un qui le fait le président doit le faire asseoir.

Une motion introduite et secondée doit être :

(1) soit adoptée,

(2) soit rejetée,

3) soit référée à un comité,

(4) et soit retardée ou un temps ou indéfiniment, et

(5) posée sur la table. On ne peut donner la parole et l'assemblée de peut écouter qu' un seul membre à la fois. Ce qui veut dire que quand un membre parle, tout le monde doit l'écouter et attendre que le présent leur donne la parole. Ce que dit l'orateur doit absolument ne s'agir que du problème en présence. Son intervention doit porter de la lumière, et conduire l'assemblée à une réponse à la question. S'il introduit autre sujet ou parle d'autres choses, le président peut lui retirer la parole.

(b) La deuxième règle est qu'il y a plusieurs sortes de motions. Il y a (1) la motion principale , celle dont nous venons de parler. On peut changer la principale motion par des motions secondaires qu'on peut aussi appeler des motions spéciales dans le cas du besoin pour mieux cerner la question.

Le but de ces deux règles - parler après une motion et être le seul membre qui parle, - introduire des motions spéciales – ne parler que d'un seul sujet à la fois c'est pour faciliter les transactions ordinaires pendant le travail d'une assemblée délibérante..

(4) La voie de la Majorité prévaut.

Nous croyons que dans une assemblée de l'Eglise, l'Esprit de Dieu est l'Agent Inspirateur et celui que tous les membres aimeraient être les porte-paroles. Avec cette ferme foi en l'Esprit de Dieu qui travaille parmi les membres, nous croyons que quand la majorité des enfants de Dieu sont d'accord pour une question posée devant eux regardant l'Eglise, les autres en minorité devraient considérer la voie de la majorité comme la volonté de Dieu. Comme nous pouvons le voir, c'est en cherchant ensemble la volonté de Dieu, c'est quand toute l'assemblée est consciente que les deux parties ont laissé Dieu parler que tout le monde partirait de cette assemblée avec une telle conviction.

Voici ce que Thomas Jefferson avait dit concernant le processus démocratique adopté par des sociétés modernes, » **La première leçon devenue la plus importante et la dernière que nous pussions apprendre est, « de considérer la volonté du peuple exprimée par le vote unique et considérer cela comme vote unanime. »**

Une assemblée délibérante qui fait en sorte que ses membres rentrent chez-eux étant unanimes dans ses résolutions, solutions, décisions et résultats des travaux restent fidèles à tous ces règles et normes que nous venons de courir.

Quand quelqu'un devient membre d'une assemblée délibérative de l'Eglise, il signe un contrat avec les autres membres qu'il va permettre que la volonté de Dieu prévale puis qu'il parlera à chacun d'eux ; qu'il permettrait que la voie de la majorité, après délibération et un vote démocratique, soit la sienne. Ce contrat est basé sur le fait qu'il comprend que les règles fondamentales qui guident l'assemblée délibérante seraient strictement observées par le corps pendant toutes les prises de décisions de l'assemblée. Le membre de la majorité ne doit rien faire. Se sont les membres de la minorité qui doivent beaucoup parler parce qu'on aimerait savoir que sa voie a été entendue et que toutes les bonnes règles de la conduite d'une assemblée délibérante ont été observées premièrement par le président de l'assemblée et par tous les autres membres.

(5) Il ne faudra pas supprimer la Minorité.

Quoique la voie de la majorité prévale, son pouvoir

n'est pas absolu ; ce qui veut dire que si tous les membres de l'assemblée formaient la majorité à l'exception d'un seul qui est minoritaire, ce serait une injustice que la majorité fasse taire cette seule voie minoritaire. C'est comme si on accepterait que l'inverse se produise ; que celui qui est minoritaire ait le privilège de faire taire la majorité. Quelqu'un a dit que *si la mouche avait une plaie, elle ne piquerait jamais dans la plaie de l'homme*. La majorité d'une situation aujourd'hui pourrait devenir la minorité de l'autre demain. Qui respecte les autres se respecte et voudrait être respecté ; mais qui méprise se méprise et sera aussi méprisé. Il faut faire aux autres ce qu'on aimerait qu'ils fassent pour vous.

Pour mettre en application ce principe :

(1) la majorité ne doit pas limiter ou suspendre les débats n'importe quand pour n'importe quel question ;

(2) la majorité ne doit pas rejeter la position de la minorité juste en votant contre la question ;

(3) la majorité ne doit pas refuser de discuter une situation sensible ou objective et juste parce que c'est la position de la minorité.

Tout ce qui se fait dans l'assemblée devrait suivre les règles établies sans faire cas de la majorité ou de la minorité. Prenons par exemple, si la majorité de 2/3 décide de suspendre les débats, il faudra suspendre les débats des majoritaires comme des minoritaires. On ne devrait jamais dire que le vote était unanime alors qu'il y avait les opposants. Même s'il y a une seule voie qui est contre, il faudra le faire sortir dans la rapport qu'il y avait une voie contre.

Selon les règles parlementaires, même s'il y a seulement un seul membre minoritaire : il a le droit de faire une motion, de présenter une résolution, de proposer un amendement, de seconder une motion, de prendre la parole et de débattre pour ou contre une question qui est dans l'ordre ; de voter comme il lui plait, de contrôler l'emploi de l'assentiment, de forcer le vote pour une question, de amender ou de diviser une question, d'insister sur le renforcement des règles de l'assemblée, de soulever un point d'ordre, d'insister que le président suive l'agenda de l'assemblée et de refuser le vote unanime.

Voici comment Henry M. Robert, l'auteur des règles des assemblées délibérantes a résumé la balance des droits entre la majorité et la minorité dans une assemblée :

« La grande et importante leçon que les démocraties doivent apprendre pour la majorité est de donner une opportunité pleine et libre de toujours présenter ses points de vue sur chaque cas et pour la minorité, ayant manquer de convaincre la majorité selon leurs points de vue, de se soumettre gracieusement et de considérer la décision comme celle de toute l'organisation et d'être prête à mettre en application les résolutions et décisions de l'assemblée en attendant l'appel si tel est le cas ».

(6) Chaque membre de l'Assemblée Délibérante a le droit d'être entendu par des autres

Les débats sont l'un des aspects les plus essentiels dans une assemblée parlementaire. Le mot *« parlementaire »* vient de « parler, discuter ». La seule manière d'atteindre une décision ou une série de résolutions est d'écouter attentivement ce que tous disent collectivement. C'est pour cette raison que la motion de 2/3 de vote de l'assemblée est toujours requises pour limiter les débats afin que la majorité soit prête pour le vote final. Il est bon de permettre aux membres de l'opposition de présenter clairement leurs points de vue. Personne ne peut savoir si on est vraiment sur le droit chemin qu'après avoir entendu toutes les possibilités comme solution au problème en présence. Le devoir de la minorité est de présenter son points de vue qui n'est pas celui de la majorité. Ce n'est que quand les deux parties auraient entendu librement et clairement et correctement les « pro » et les « con », que l'assemblée pourrait être sûre de la décision qui surviendrait à la suite du vote.

(7) Tous les membres d'une assemblée délibérante ont égalité de droits, de privilèges et de responsabilités

Chaque membre de l'assemblée a le droit de participer au processus du déroulement de l'assemblée, d'introduire une motion, de la débattre, de poser des questions et de voter. A moins que le règlement intérieur stipule autrement, il a aussi le droit de nommer ou d'être nommé à un office, d'être membre d'un comité ou commission, ou d'exercer tout autre service proposé par l'assemblée. Lui nier tous ces

24

droits, privilèges et responsabilités serait une violation grave et injuste. Lui-même se considère comme un Monsieur, un noble citoyen et un saint et fidèle chrétien esclave du Seigneur. Quand il arrive à être en désaccord avec les autres membres, ça doit rester au niveau des idées et non des personnes. Les autres doit respecter ses droits , voter selon sa conscience et privilèges comme il respecte les leurs. Nier aux autres membres de jouir des droits et privilèges qui leur appartiennent est inéquitable et injuste.

Le président devra être neutre dans son comportement afin de traiter tous les membres avec respect et égalité pendant l'exercice de ses fonctions de président. Il est impossible de dire qu'un leader qui est modérateur peut ne pas avoir ses points de vue durant le déroulement de l'assemblée dont il modère. Mais il faut qu'il la dirige d'une impartialité stricte. Il ne doit pas favoriser quelques membres ou un certain groupe. Chaque membre doit jouir des mêmes droits et privilèges pour débattre , faire les motions et participer aux travaux de l'assemblée *quoiqu'intérieurement, il appuie un certain groupe dans la salle, il ne doit pas permettre que ses points de vue colorent le déroulement des travaux pendant qu'il préside au*

déroulement de l'assemblée. Sa fonction pendant son mandat est de servir l'assemblée, ce qui veut dire, servir tous les membres collectivement.

Les membres ont également les responsabilités de contribuer aux travaux de l'assemblée. Le groupe le plus chargé dont appartient le président comprend tous les officiers ; celui-ci est plus responsable pour la grande partie de tout ce qui est accompli par rapport à ces autre leaders des groupes qui se trouvent dans l'assemblée. ***Les organisations les plus efficaces sont celles dont tous les membres jouent un rôle actif pendant le déroulement des travaux.***

8) Tous les membres de l'assemblée doivent rester informés de tout ce qui se passe.

Tous les membres de l'assemblée doivent savoir le fond du problème discuter de toutes les conséquences qui surviendraient à l'institution si la motion est adoptée ou rejetée. Chaque fois que le président répète la motion, accorde la parole à un membre, applique la règle parlementaire appropriée, annonce un sujet à l'ordre de jour, il doit tout faire pour clarifier la question discutée. Il doit s'assurer que chaque membre qui prend la parole suit clairement la procédure en place.

Si un membre ne comprend pas très bien la question discutée ou les implications de son adoption ou de son rejet, s'il ne connaît pas la motion qui est dans l'ordre, s'il a une autre question sur la procédure, il devra alors s'adresser au président qui donnera les éclaircissements. N'importe quel membre de l'assemblée peut donner les explications sur les procédures parlementaires s'adressant seulement au président à n'importe quel moment même quand un autre membre a la parole.

9) Le document de base des règles parlementaires

Ce livre est un guide général des règles et procédures parlementaires des assemblées délibérante. Il est en accord avec les lois parlementaires établies par le livre de Robert sur les Règles Parlementaires. Tout ce qui est dit dans ce livre s'appuie sur ce livre qui est normatif dans le monde entier sur la conduite des assemblées délibérantes. Pour que le Saint Esprit soit capable d'influencer les membres de nos assemblées délibérantes, le président ainsi bien que les membres doivent connaître à la fois les règles et procédures parlementaires et le règlement intérieur de la juridiction. Le problème que nous rencontrons au Cameroun au sein de l'Eglise Presbytérienne Camerounaise est que toutes les juridictions de l'Eglise (Session, Consistoire, Synode et Assemblée Générale ainsi bien que les organes comme le Conseil Général, le Conseil d'Administration, et toutes les institutions de l'EPC n'ont pas de Règlements Intérieurs ; le règlement intérieur définit les objectifs de l'organe, qui sont les membres, comment on perd le statut de membre, qui fait quoi, comment l'organe fonctionne et tout et tout de l'organe). Il arrive aussi que l'assemblée elle-même puisse établir ses propres règles qui ne doivent, en aucun cas être en opposition ni aux règles parlementaires générales ni au Règlement Intérieur de l'organe ou de la juridiction en question.

Pour commencer la réunion, l'assemblée doit avoir au moins par écrit les règles de procédures qui gouvernent le déroulement des travaux. Tout cela doit être établi en forme de programme. Si c'est un organisme permanent en opposition à une assemblée de masse, elle devra aussi avoir un règlement intérieur qui définit les structures et les fonctions de l'organisation. Si l'organisation est incorporée, il faudra aussi avoir la charte de l'incorporation accordée par l'Etat, être courant de toutes les autres règles antérieurement adoptées et documents régissant l'organisation. Ceci est nécessaire afin qu'aucune décision prise pendant les présente assise ne soit en contradiction avec sa future marche.

Les documents suivants constituent les instruments légaux qui définissent et gouvernent l'assemblée délibérante. Ils se classent selon l'ordre de leur autorité.

1- LA BIBLE : Vous ne trouverez pas les références bibliques dans les énoncées des règles parlementaires ou dans les documents corporatifs. Elle est dans la liste parce qu'il s'agit de l'Eglise de Dieu et des assemblées délibérantes des enfants et serviteurs de Dieu pour son Eglise, le corps de Christ.

La Bible est le livre qui régit notre foi et nos pratiques. La Parole de Dieu qui est la Bible est là où nous cherchons à mieux le connaître, à obéir et faire la volonté de Dieu.

Les règlements intérieurs, toutes les juridictions,

organes et institutions de l'Eglise basent leurs contenus et confirment les enseignements divins contenus dans l'Ancien et le Nouveau Testaments. Si ce qui se trouve dans les règles et procédures parlementaires est en contradiction avec la Bible, ces règles et procédures seraient sans valeur et devraient être rejetées.

L'Eglise devrait donc placer les règles et procédures parlementaires au dessous de la Bible pour que son autorité soit suprême. Les documents susmentionnés devraient gouverner concernant des opinions, des applications et la logique des choses, les domaines parmi lesquels Dieu lui-même n'a pas laissé de règle pour son Eglise.

2- LA CHARTE DE LA CORPORATION :

Au cas où l'Eglise ou l'organisation en question est incorporée ou celle-ci est régi par les lois et règlements de l'Etat, il faudra tenir compte de la charte d'incorporation afin de ne pas enfreindre aux lois de l'Etat. Dans la charte de l'incorporation, il y a toujours le nom et le ou les objectifs qui sont les raisons d'être de l'organisation ou de l'institution en question, la composition du conseil d'administration etc....Si votre assemblée est une organisation sociale qui ne se fait pas de profit, sa charte devrait aussi spécifier son exemption des taxes de l'Etat comme une institution charitable.

3- LE RÈGLEMENT INTÉRIEUR :

Le règlement intérieur est l'ensemble des règles internes qu'une organisation s'impose pour pouvoir accomplir ses objectifs qui sont les attentes sociales de l'institution. Le règlement intérieur décrit les droits et les devoirs des membres ; ses règles sont pour le gouvernement intérieur de l'assemblée et le management des affaires. Ces règles ne peuvent pas changer, sans changer le gouvernement intérieur et l'accomplissement des objectifs de l'institution elle-même.

Voici le contenu d'un Règlement Intérieur :

Article 1 : Le nom : Ici, il y a le nom officiel de l'organisation. Si celle-ci est incorporée, la charte de l'incorporation devrait aussi porter le même nom.

31

Article 2 : Le But. Il est nécessaire d'énoncer clairement le ou les buts, les raisons d'être de l'organisation. Cet article le fera d'une manière assez générale autant que possible.

Article 3 : Les membres. Définir de quelle manière quelqu'un devient membre et comment il pourra aussi perdre cette qualité; y inclure les droits et devoirs de chacun.

Article 4 : Les officiers. Il faudra donner les titres des officiers et la description de leurs devoirs, leurs qualifications, la méthode et les termes de leurs élections.

Article 5 : Les réunions ou assemblées. Le règlement intérieur devra préciser le temps, le lieu de leur assemblée régulière, comment est-ce que ses réunions spéciales pourraient être convoquées et par qui. Les prévisions devraient être faites pour les assemblées annuelles.

Article 6 : Le Conseil Général. Dans la cas de la paroisse locale, il s'agit ici de la Session, le conseil des anciens, le conseil des diacres, le conseil des diaconesses, ou du conseil des administrateurs (Trustees). Le règlement intérieur devra définir leur composition, la méthode et les termes de leurs élections, leurs mandats, les devoirs et autres importants comités permanents et leurs attributions.

Article 7 : L'autorité parlementaire. La majorité des assemblées délibérantes désignent le titre du livre qui contient les règles parlementaires qui seront suivies pendant le déroulement de leurs travaux dans leurs assises. (Par exemple, ce manuel et l'autre écrit par le même auteur peuvent devenir cette autorité).

Article 8 : Les amendements des règlements intérieurs . Chaque règlement intérieur devrait avoir un article qui prévoit comment on pourrait l'amender. Voici comment on énonce souvent cet article ;» Ce Règlement Intérieur pourrait être amendé n'importe quand pendant les assises régulières de l'assemblée délibérante par le votre de 2/3 des membres votants présents pourvu que le dit amendement ait été soumis par écrit à la précédente assemblée régulière. Ce qui veut dire qu'on ne peut pas voter de changer le règlement intérieur pendant la même assemblée régulière que l'on présente le projet d'amendement.

Il y a des assemblées délibérantes qui ont à la fois les constitutions et les Règlements Intérieurs comme documents qui gouvernent leurs assemblées. Ce système est celui qu'on rencontre dans le plus grand nombre des institutions sociales. La raison d'avoir cette division est de faire en sorte qu'il ne soit pas facile de changer les règlements intérieurs. Il faut des arguments solides pour changer le règlement intérieur qui est au juste ma manière et la méthodologie par laquelle les choses sont sensées marcher. Pour changer ce qui a été adopté et qu'on a mis à l'œuvre mérite les preuves que ça ne marche pas et il faut une bonne compréhension de ce qui est en place et de ce qu'on aimerait introduire.

L'avantage d'avoir un Règlement Intérieur est de donner une stabilité et une ligne de conduite à tout ce qui se passe pour le fonctionnement de l'institution. Quiconque qui devient membre, officier ou est l'instrument utilisé par l'organisation, devra se conformer au Règlement Intérieur pour accomplir les objectifs établis bien en avance. Le désordre qui sévit dans les paroisses, les consistoires, les synodes et l'assemblée générale, dans les institutions de l'EPC est le produit de l'ignorance des textes établis. L'inertie et la non initiative du conseil général, du conseil d'administration, de toutes directions de l'EPC provient du manque des règlements intérieurs ou de connaissance et d'application de ceux qui en ont. Que ce soit dans quelle organisation appelée à promettre quelque chose de différent dans la société doit absolument avoir un règlement intérieur : c'est le système établi qui permet aux acteurs d'un organe social d'accomplir les tâches qui leur sont assignées.

9) – Les Règles d'Ordre.

La majorité des organisations sociales considèrent comme leur système de règles d'ordre les lois parlementaires contenues dans le livre en anglais, « Robertus Rules of Order, Newly Revised Edition ». Le livre de « Procédure Parlementaire des Assemblées Délibérantes » par le Pasteur François K. Akoa-Mongo et plus ce livre-ci peuvent être très utiles pour que nos assemblées prennent le caractère civile. Beaucoup sera accompli pendant nos assises si ces règles d'ordre déjà reconnues et établies dans toutes les sociétés modernes deviennent les nôtres.

10) - Les Règles Permanentes

La différence entre les règles d'ordre et les règles permanentes est que les règles d'ordre établissent les procédures parlementaires pendant les assemblées, alors que les règles permanentes s'adressent à la réglementation générale de l'administration de l'assemblée délibérante. On peut ou adopter ou suspendre les règles permanentes par la majorité des votants sans notice pendant la délibération de l'assemblée.

L'UTILITÉ DES PROCÉDURES PARLEMENTAIRES DANS LES ASSEMBLÉES DÉLIBÉRANTES DE L'EGLISE

Chaque assemblée délibérante allant de la session à l'Assemblée Générale en passant par tous les Conseils devrait être gouverné par les règles parlementaires. On devra les mettre en application tout le long du déroulement des travaux pour mettre en valeur les sagesses et les expériences des autres dans le domaine de prendre des décisions démocratiques. Il est certain que ces règles ne sont pas scripturaires. Mais leurs contenus et propos ne feraient qu'honorer Dieu surtout quand il s'agit des assemblées de l'Eglise.

La seule façon de ne pas avoir l'incompréhension est d'avoir la compréhension. Quand le président et tous les membres se conduisent selon les règles établies et acceptées par tout le monde, il y aura très peu d'incompréhension. Que ceux qui sont en charge des affaires de notre Père qui est aux cieux fassent un bon usage des règles et procédures parlementaires pour que celles-ci deviennent notre façon de faire les choses ; elles deviendraient notre coutume de travailler ensemble dans nos assemblées pour que le Seigneur soit glorifié dans son Eglise.

CHAPITRE 2

LA PROCÉDURE DE BASE

INTRODUCTION : La paroisse de Nazareth-Mvengue voudrait fabriquer les bancs du temple qui vient d'être inauguré. La session a choisi trois anciens pour former le comité de construction qui doit aller visiter d'autres temples et amener des photos des bancs et des prix proposés par les menuisiers fabriquant. Les photos des bancs et les prix seront présentés à l'assemblée congrégationnelle.

Un mois après, le dit comité avait fait savoir au Pasteur qu'il était prêt à présenter son rapport à la congrégation. Le secrétaire de la session a convoqué l'assemblée congrégationnelle par une annonce lue pendant les services dominicaux deux semaines en avance. Un seul point était à l'ordre de jour : le choix du genre de bancs et le coup de chacun. L'assemblée était convoquée pour dimanche, le 12 Septembre 2015 et la réunion devait avoir lieu juste après le culte au sanctuaire.

Selon cet exemple, quand une juridiction ecclésiale ou une agence de l'église voudrait prendre une décision qui engage toute la juridiction ou toute l'organisation, les responsables ou les officiers doivent préparer les éléments de travail et apporter la question devant son assemblée pour les juridictions et devant le conseil pour les groupes ayant des délégués aux Conseil d'Administration des Institutions comme par exemple le Séminaire.

Le problème de bancs de la paroisse de la paroisse de Mvengue, Nazareth serait résolu 14 jours à cause de la réglementation qui demande que les personnes convoquées aient le temps d'ajuster leurs programmes personnels afin d'assister à l'assemblée congrégationnelle et participer à cette importante décision.

Il serait possible à ce niveau que la session soit déjà en possession de l'argent pour la fabrication des bancs ou qu'elle s'engagerait plus tard à la collecte d'argent. Les problèmes de ce genre doit absolument aller devant la congrégation pour choix et décision et la session serait chargé de l'exécution.

Dans la majorité des églises, il y a un modérateur ou président de l'assemblée congrégationnelle ; c'est bien celui-ci qui préside à une telle réunion.

Les assemblées délibérantes régies par la procédure parlementaire conduisent leurs affaires à partir d'une motion. La **MOTION** est une proposition formelle qui met l'assemblée en mouvement pour dire ou pour prendre une résolution ou solutions concernant la question. Ce qui veut dire que quand il y a un problème devant l'assemblée mais que personne ne fait la motion, il y a rien à dire. L'assemblée délibérante *travaille* en adoptant une motion qui mérite une action. L'assemblée parle en discutant une motion qui va devenir la position de toute l'assemblée délibérante. Quand une motion proposée par un individu est adoptée après débats de tous les membres et votée par toute l'assemblée, elle devient *la résolution de l'assemblée*. Les motions sont les SEULS INSTRUMENTS pour conduire les affaires selon la procédure parlementaire des assemblées délibérantes. Si un membre voudrait *influencer* les décisions prises dans son groupe, il doit comprendre comment faire, considérer et disposer des motions.

Il y a six étapes à suivre pour faire aboutir une motion :

Un membre doit faire une motion ;

Un autre membre doit seconder cette motion (si la motion n'est pas secondée, elle tombe).

Le modérateur énonce la question de la motion ;

Les membres de l'assemblée débattent la motion ;

Le modérateur met la motion au vote.

Le modérateur annonce le résultat du vote.

Voyons maintenant le développement de ses six étapes :

Etape 1 : Un membre fait la motion.

Avant de parler dans une assemblée délibérante, il faut être reconnu par le modérateur ; ce qui veut dire qu'il faut demander le droit de parole. S'il y a quelqu'un d'autre qui parle ou si l'assemblée n'est pas en train de débattre une autre question, levez-vous et demandez la parole au modérateur. Si le modérateur vous appelle par votre nom ou qu'il pointe le doigt sur vous, sachez que **vous êtes reconnu.** Dans les assemblées plus larges, le modérateur pourrait utiliser les nombres pour donner la parole aux membres. Une fois qu'on est reconnu, tout les autres membres qui demandaient la parole ou qui étaient debout devraient s'asseoir pour vous écouter faire la motion.

Akoa-Mongo: *Monsieur le modérateur,*
Modérateur : **Pasteur Akoa-Mongo**
Akoa-Mongo : *« Merci Monsieur le Modérateur,*
Je fais la motion que….. »

Aussitôt que vous faites la motion, allez vous asseoir pour attendre que la motion soit secondée. Remettez la copie de votre motion au modérateur. Gardez une copie pour vous-même. Si la motion est secondée, le modérateur va alors la répéter devant toute l'assemblée. Il n'est pas encore le temps d'expliquer ou de défendre votre motion. Vous qui avez fait la motion sachez que vous êtes prioritaire de présenter et exposer cette motion.

Soyez sûr que la motion est claire et succincte ; que tout le monde comprend très bien ce que vous voulez. Utilisez les termes qui sont faciles à comprendre par l'assemblée et qui conduiraient à une solution au problème posé.

Etape 2: Quelqu'un d'autre seconde la motion.

La grande majorité de motions exigent d'être secondées afin d'être considérées. N'importe quel membre de l'assemblée peut seconder une motion sans demander la parole au modérateur. Celui qui veut le faire doit dire " **Je seconde cette motion** " aussitôt que celui qui a la parole finit d'introduire sa motion. On peut seulement dire "**Second!**" et il se tait.

Si par Malheur personne d'autre ne seconde une motion faite dans une assemblée, elle ne peut être considérée. On dit donc que la motion tombe. Le modérateur va l'annoncer en disant.

"Y-a-t-il quelqu'un qui seconde cette motion?" Après quelques seconde de silence, le modérateur va annoncer. "La motion tombe; le second point à l'ordre du jour.."

L'objet de seconder la motion est de faire savoir au modérateur que plus d'un membre de l'assemblée aimeraient discuter cette possibilité comme solution au problème présenté devant l'assemblée. Il est même possible de seconder une motion pour à la fin le rejeter.

Quand une motion est faite par *le président* d'un comité ou *par le bureau* d'une agence ou une direction, elle n'a *pas besoin d'être secondée* parce que celle-ci a déjà le support de plus d'un membre.

Il y a au début de ce livre un tableau des motions où on peut apprendre les motions qui exigent d'être secondées ou non.

Etape 3: Le modérateur répète la motion en forme de question

Apres que la motion introduite par celui qui a la parole a été secondée, le modérateur va alors la répéter en utilisant les mêmes mots comme énoncée dans la motion. Voici un exemple :

Le modérateur: "La motion suivante a été placée devant vous..........*Etes-vous prêts pour la discuter?*" Cette phrase, "Etes-vous prêts pour la discuter est aussi vieille que la procédure parlementaire. Cette phrase donne le signale aux membres que les débats devraient commencer. Si la motion n'est pas débatable, le modérateur, va continuer avec le vote de la motion.

Si la motion ou la résolution est écrite ou que tous

les autres membres détiennent sa copie, le modérateur dira simplement:

" La motion a été faite et secondée qu'on adopte la motion ou la résolution comme lue. Y a-t-il des discussions?"

ou

" Il est question d'adopter la recommandation #....comme imprimée à la page....Y-a-t-il autres discussions?

A ce point-ci, votre motion ou résolution appartient à l'assemblée. Mais avant que le modérateur n'annonce la motion pour les débats, celui qui l'a introduit a encore le droit ou de la modifier ou de la retirer. Dès que le modérateur la présente à l'assemblée, elle ne peut être soit modifier soit amendée rien que par le consentement de l'assemblée parce qu'elle n'appartient plus à celui qui l'a introduit.

Quand la motion est en ordre, le modérateur doit l'énoncer immédiatement en forme de question. Mais si la motion n'est pas en ordre, le modérateur dira que la motion est hors d'ordre avec une brève explication; par exemple:

Le modérateur:" *La motion est hors d'ordre parce qu'elle demande à l'assemblée de supporter un candidat d'un Parti Politique, ce qui est contre notre Règlement Intérieur* ".

Ou

"*L'Amendement n'est pas en ordre maintenant*".

Ou

"*La motion de Monsieur...est hors d'ordre maintenant. La principale motion est déjà sur le point pour être votée.*

Si le modérateur décide que votre motion est hors d'ordre, vous pouvez faire appel. Dans ce cas, l'assemblée a à décider sur la matière. Elle peut ou supporter la décision du modérateur ou reverser celle-ci. Il faut faire appel si vous être sûr de gagner le cas.

Quand le modérateur décide que la motion n'est pas en hors d'ordre, il doit justifier la raison. Dire que le membre est hors d'ordre voudrait dire qu'il est coupable de quelque chose.

Après que la motion ait été énoncée par le modérateur, l'une de ces trois choses devrait suivre: elle sera adoptée, rejetée ou disposée par un autre moyen. Une motion qui attend la décision de l'assemblée est aussi appelée *une question.*

Etape 4 : Les membres débattent la motion

Une fois que votre motion est devant l'assemblée, les membres ont le droit de la débattre. Si la motion est ni débatable ni amendable, le modérateur doit maintenant la passer au vote. Mais si la motion est non débatable mais amendable, le modérateur pourrait le permettre et sans discours. Si la motion est débatable, le modérateur va maintenant se tourner vers celui qui a fait la motion d'amendement pour supporter sa motion.

C'est toujours celui qui a fait la motion qui doit premièrement prendre la parole afin de donner les arguments de la supporter. Après que celui qui a fait la motion a déjà parlé, le modérateur alternera les interlocuteurs de ceux qui sont « pros « et ceux qui sont « cons » afin qu'ils présentent respectivement leurs points de vue.

Quand une motion est devant l'assemblée, les membres peuvent soit la refuser en la remettant indéfiniment, soit l'adopter, l'amender, la remettre à plus tard, la référer à un comité ou la poser sur la table pour traiter un autre cas qui est plus urgent. Toutes ces actions sont prises quand à cause d'un adoption d'une des motions subsidiaires, qui seront développées au prochain chapitre.

Si un membre aimerait débattre favorablement ou négativement contre une motion qui est devant l'assemblée ou pour introduire une subsidiaire, le modérateur doit lui accorder le privilège de parler. Pendant les débats d'une motion, chaque membre a droit de parler deux fois ne dépassant pas 10 minutes chaque fois à moins que l'assemblée a limité ou étendu les débats. Mais est-il que tous ceux qui prennent la parole pour la même motion ne devraient pas parler plus de deux fois.

Quand un membre prend la parole à l'assemblée, il doit s'adresser au modérateur avec un ton courtois et ne s'adressant qu'à la motion devant l'assemblée. Le modérateur reste assis pendant le discours de l'autre aussi longtemps que celui-ci obéit aux règles parlementaires et qu'il n'y a pas de désordre dans la salle. Le discoureur ne sera pas interrompu par le modérateur ou par un autre membre de l'assemblée.

Les débats continuent jusqu'à ce que tous ceux qui voulaient prendre la parole concernant cette motion l'aient fait. L'assemblée ferme les débats en écoutant encore une fois de plus la motion.

Etape 5 : Le modérateur met la question au vote

Dès que les débats sont finis, le modérateur place la question au vote. Pour le faire, il se tient debout, répète la motion, et demande que ceux qui sont pour le signifient par « Oui ! » et ceux qui sont contre le signifient par « Non ! »   Il faudra toujours donner opportunité à ceux qui s'opposent de voter. Nous allons encore parler des débats au chapitre 4.

Les méthodes de voter :

Il y a plusieurs méthodes de voter et ça dépend de l'importance du sujet qu'on met au vote :

1/ Le vote par voix. Quand il s'agit de vote qui exige la simple majorité, le vote par voix est possible. Le modérateur dira : « Que ceux qui sont en faveur disent - « Oui »......
Après une pose, il dira encore,
« Ceux qui opposent disent – « Non ! »

2/ Les membres levés : Pendant le vote qui exige 2/3 des membres votants, le modérateur va demander aux membres qui disent « Oui » de ce lever et ceux qui disent non de rester assis. Parfois, on finit par compter ceux qui se sont levés et ceux qui sont restés assis.

Dans les petites assemblées, le modérateur peut lui-même compter les votants ou il peut aussi demander au secrétaire de le faire. Mais c'est toujours lui qui annonce le résultat final.

3/ À mains levées : Dans les petites assemblées , il est facile de demander aux membres de voter à mains levées. Dans les grandes conventions, les délégués votent aussi en brandissant leurs tickets. Le modérateur différenciera ceux en faveur et les opposants en utilisant ces deux termes. Les « en faveur » sont toujours les premiers à exprimer leur vote.

4/ Le ballottage : Quand on ne veut pas que les partis sachent qui a voté pour qui, on exprime le vote en écrivant les choix sur un bout de papier que le bureau prend soin de remettre en avance à chaque membre. Il faudra ensuite établir un système de les collectionner par quelqu'un désigné. Le dépouillage se fait souvent par le bureau sur instruction du modérateur ou du secrétaire . Après la collection et le dépouillage, le modérateur va annoncer le résultat et déclarer le gagnant.

5/ Vote par consentement : Si vous savez que personne d'autre ne va s'opposer à votre proposition, vous pouvez demander le voter à **l'unanimité.**

Mais si un autre membre présente des objections, la motion qui être reformulée, débattue et puis mis au vote.

Attention au système de vote qui, parfois, hypnotise les opinions minoritaires dans les assemblées. Essayons d'en faire usage dans les questions les moins importantes.

Types de Votes :

La grande majorité des questions ou résolutions des assemblées délibérantes exige le vote majoritaire. Le mot « majorité » veut vraiment dire 51/100. Nous parlons du pourcentage du nombre de votants ; les abstentions et les absents n'y sont pas comptés. Un seul vote en plus des voix exprimées établit la majorité. Si dans une assemblée de 100 membres, une personne vote « favorable » et les 99 s'abstiennent, ce seul vote devient la majorité.

Il y a quelques actes qui doivent prendre place pour le vote de 2/3. Pour une motion qui exige la majorité de 2/3, il faut, deux fois les votes favorables contre les votes défavorables. Les votes favorables doivent être au moins le double des votes défavorables.

Le vote à égalité de voix veulent aussi dire que le vote est négatif puisqu'il n'a pas obtenu la majorité des voix.

S'il y a égalité de voix, dans la majorité des assemblées délibérantes, le modérateur peut voter pour donner la majorité soit aux favorables soit aux défavorables. Il a aussi le droit de voter comme tout autre membre, soit de s'abstenir. Par exemple, si 50 étaient en faveur et 49 contres, le modérateur peut voter avec les contres pour rejeter la motion.

Etape 6: Le modérateur annonce le vote

Cette annonce est faite immédiatement après

obtention des résultats du scrutin ou le compte des ballots. Le modérateur va donc faire quatre choses:

1/ Il va annoncer les gagnants d'abord

2/ Puis il va annoncer que la motion passé

3/ Il va dire l'effet que va apporter ce vote

4/ Il va enfin énoncer la motion qui suit ce vote ou annoncer le point suivant de l'ordre du jour.

NOTA BENE: Les deux dernières points (3 et 4) pourraient varier selon que les motions et les circonstances qu'elles affectent. Le mode de vote peut aussi faire en sorte que les points (1 et 2) diffèrent également.

Les résultats de types de votes peuvent variés; par exemple:

Le vote à voix:

Le modérateur va annoncer, "Les 'Oui" ou les "Non" ont gagné et la motion est adoptée ou la motion est rejetée. Si l'effet de la motion est important, le modérateur devra l'annoncer immédiatement ou si cela demande un acte exécutoire à la minute, il faut le mettre en pratique immédiatement.

Les membres majoritaires se lèvent debout:

Le modérateur va annoncer, " que ceux qui disent "Oui" se lèvent et les "non" restent assis. Et il annonce les résultats.

Les 2/3 se lèvent et restent debout:

Le modérateur annonce qu'il y a 2/3 positifs ou défavorables et il annonce le résultat.

Quand on compte les 2/3.

Le modérateur va annoncer qu'il y a 61 contre 30 et il annonce le résultat.

Quand il y a partage de voix.(a)

Le modérateur va annoncer qu'il y a 30 pour et 30 contre et il choisit le parti qui lui est favorable.

Quand il y a partage de voix (b)

Le modérateur va annoncer qu'il y a 30 pour et 29 contre et il rejoint les 29 pour rejeter la motion,.

Quand il y a 2/3 de voix.

Le modérateur annonce qu'il y a 60 pour et 30 contre et il ajoute sa voix aux contres. Les 2/3 exigés n'étant pas obtenus, la motion tombe.

Si un membre n'est pas certain que le vote s'est bien passé, **il peut demander la division de l'assemblée** ou qu'il y ait un second compte des votes.

Un membre peut changer son vote même au moment que le modérateur annonce le résultat final. Après l'annonce du résultat final, il peut demander à l'assemblée la permission de changer son vote. Personne ne doit interrompre le modérateur pendant qu'il s'occupe du vote.

Voici une illustration des six étapes qu'on couvre pendant le processus d'une motion de l'introduction, à la considération et son adoption.

LE MEMBRE 1 : (S'élevant, il s'adresse au modérateur) **M. le Modérateur,**

LE MODÉRATEUR: (En reconnaissant le membre, le modérateur dira) le Rév. Akoa-Mongo."

LE MEMBRE 1 : "Je fais la motion que..... (puis, il va s'asseoir).

LE MEMBRE 2 : " Je seconde cette motion"

LE MODÉRATEUR: " Une motion a été faite et secondée que….. Y-a-t-il de discussions?"

LE MEMBRE 1: (Se lève encore pour demander la parole au modérateur, Monsieur le Modérateur,

LE MODÉRATEUR, Rév. Akoa-Mongo

LE MEMBRE 1 : Merci M. le Modérateur, je crois que.. (il démontre les raisons de sa motion d'une façon positive et convaincante avec arguments à l'appui).

LE MODÉRATEUR: (Puisque personne d'autre ne prend la parole, le modérateur va répéter la motion faite par le Rév. Akoa-Mongo.
« Que ceux qui son pour dissent "Oui".
« Que ceux qui sont contre dissent "Non".
« Les Oui ont gagné. La motion est adoptée ».

EN RÉSUMÉ: Tout ce que vous allez apprendre de la procédure parlementaire, il faut se rappeler qu'il y a six étapes dans le processus d'une motion allant de son introduction à son adoption. Chaque motion présentée dans une assemblée doit suivre ses six étapes. Apprenez ces étapes pour être un bon parlementaire.

CHAPITRE 3

LES MOTIONS

INTRODUCTION : Maintenant, que nous savons comment introduire une motion qui donne le travail à une assemblée afin qu'elle trouve une réponse au problème posé, ce n'est qu'un début des travaux d'une session, d'une assemblée congrégationnelle, d'un consistoire, d'un synode ou d'une assemblée générale ou de toute autre assemblée ecclésiale.

Dans ce chapitre, nous allons discuter et apprendre comment utiliser les diverses motions.

Nous avons plusieurs sortes de motions. Le livre des Règles de Robert, le fondateur des lois parlementaires, contient **82 différentes motions** qu'on peut introduire pendant le déroulement d'une assemblée délibérante. Nous nous limitons dans ce livre à ne discuter et à apprendre seulement **23 sortes de motions.** Il y a *quatre choses* qu'il faut savoir concernant une motion.

Chaque motion a **une classe**

Chaque motion a un **certain but**

Chaque motion a **un ordre de précédence**

Elle est gouvernée par des **règles de base**

Il y a cinq classes de motions qui sont :

(1) les motions *principales*,

(2) les motions *subsidiaires,*

(3) les motions *privilégiées,*

(4) les motions *incidentes,* et

(5) les motions *restauratrices.*

La classe de la motion détermine **son *but* et ses caractéristiques**. Peu de motions appartiennent à deux classes. **Les circonstances** pendant lesquelles elles sont introduites vont permettre cette possibilité. Nous en parlerons prochainement le moment venu.

1- La Motion Principale

La motion principale est très importante parce que c'est elle qui *introduit le sujet qui devient le travail de l'assemblée.* S'il n'y a pas des motions principales, les assemblées délibérantes n'auraient rien à faire. Autre sujet ou propositions subsidiaires à une question procédurale ne pourrait être introduit à l'assemblée que par le moyen et à cause de cette motion. Plusieurs motions introduisent les sujets et les règles parlementaires permettent que l'assemblée puisse considérer qu'un seul sujet à la fois, une fois que la motion principale est introduite, aucune autre motion principale de peut être introduite jusqu'à ce qu'on termine d'abord avec celle-ci. Il y a des procédures parlementaires qui sont généralement avides de tenter chaque fois d'essayer toutes les fantaisistes motions de procédure possibles apprises. Il faut le comprendre. On pourra de temps en temps entendre quelqu'un crier, *« l'ordre de jour », ou « fixez le temps pour l'ajournement de cette session »*. Il est donc important de savoir quels sont les buts de ces motions qu'on jette par-ci et par-là durant les débats.

Les motions principales sont les véhicules qui mettent l'assemblée au travail. *Les autres motions sont là pour escorter la motion principale* à travers le processus parlementaire.

Bien que les motions subsidiaires, de privilèges,

d'incidences sont introduites pendant les débats de celle qui est principale, plusieurs de celles-ci peuvent être débattues et adoptées alors que la motion principale attend à côté. D'autres peuvent être introduites, débattues et adoptées quand il n'y a aucune motion principale en cours. Par exemple, un membre pourrait introduire une motion devant l'assemblée pour limiter les débats de chacun à 2 minutes pendant la durée des assises de l'assemblée délibérante ; ou un membre propose qu'on retarde jusqu'à une date ultérieure ou période indiquée ou qu'on réfère un certain sujet à un certain comité, affaire parfois non débattu par l'assemblée. Pour de tels cas, quand ces genres de motions procédurales sont introduites alors qu'il n'y a pas de motions principales devant l'assemblée, ou si elles sont introduites en référence à quelques sujets relatifs aux questions relatives au travail de l'assemblée, elles seront traitées comme des motions principales. Elles peuvent être amendées, débattues, mais elles ne doivent par interrompre celui que le modérateur a donné la parole et ne pourront être introduites que quand il n'y a pas une autre motion principale. Le livre des lois parlementaire de Robert place ces motions, quand elles sont introduites parmi celles discutées, dans une classification spéciale dénommée « *les motions principales incidentes* ».

Voici ce qu'il faut savoir : quand l'une des motions incidences est introduite quand il n'y a pas une motion principale devant l'assemblée, ou si cette motion s'adresse à une motion qui n'est pas devant l'assemblée, cette motion incidence devient la motion principale.

2- Les motions subsidiaires :

Le but d'une motion subsidiaire *est d'assister ou d'aider l'assemblée à se disposer de la motion principale.* Il y a au total 7 genres de motions subsidiaires :

Celle de poser le sujet *sur la table*

Celle *référée* à la motion précédente

Celle *de limiter ou* de prolonger les débats

Celle de *remettre l'affaire* à un certain temps

Celle de *référer le sujet* à un comité

Celle *d'amender la motion* principale

Celle de *remettre l'affaire* indéfiniment

Voici une illustration pour une motion subsidiaire. Supposons que l'assemblée doit immédiatement accepter ou rejeter cette proposition : « **On doit jeter l'eau sale avec le bébé :** » - Oui ! ou Non ! Si on refuse de jeter l'eau sale avec le bébé, on garderait chez soi et l'eau sale et le bébé. Ce n'est pas ce qu'on veut. Mieux vaut dire « Oui » afin qu'on jette l'eau et récupérer le bébé.

Ainsi le travail de la motion subsidiaire fait en sorte que *l'assemblée ne soit pas forcée d'adopter ou de rejeter chaque motion principale qui est introduite devant elle.* Une motion subsidiaire élargit les horizons du choix que l'assemblée pourrait faire partant de la motion principale. En adoptant l'une des motions subsidiaires, l'assemblée va récompenser, étudier, interrompre la considération de, ou retarder sa décision concernant la motion principale.

3. Les motions privilégiées

Les 5 motions privilégiées n'ont rien à faire avec la motion principale qui est devant l'assemblée. Elles sont de**s motions d'émergence parce qu'elles s'adressent aux sujets d'une telle importance qu'elles doivent absolument interrompre les travaux de l'assemblée** ou toute autre chose qui semble important pour le moment aux yeux de toute l'assemblée.

Fixer l'heure de l'ajournement des travaux

L'Ajournement

Le Repos (recréation)

Questions de privilège

Le point d'ordre de l'Ordre du Jour

4. Les motions incidences

Les motions incidences s'occupent ***des questions de procédures*** qui prennent place pendant que l'assemblée est en cours des travaux. Ces motions ne demandent ***pas de débats*** et elles doivent être ***décidées immédiatement .*** Par exemple, si un membre de l'assemblée croit que le modérateur a manqué de renforcer une certaine règle parlementaire, il peut faire la motion de Point d'Ordre parce qu'il y a eu une violation de la règle de procédure parlementaire. Si un membre doute le compte du vote, il peut faire appel « A la division de l'assemblée ». C'est pour un second compte. Tous ces deux motions s'occupent des règles, des procédures parlementaires et une fois introduites, elles doivent être décidées immédiatement avant qu'une autre chose prenne place. Quand il y a interruption des travaux , ceux-ci peuvent continuer après la résolution de la question (règle) soulevée.

Les 6 motions incidences sont :

Celles de *Point d'Ordre*
Celles *d'un Appel*
Celles de *l'Enquête Parlementaire*
Celles du *Point d'Information*
Celles de *la Division de l'Assemblée*
Celles de *la Division de la Question*
Celles de *la Suspension de la Règle.*

6. Motions restauratrices

Une décision prise par une assemblée est supposée être définitive. ***Il y a des exceptions.*** Ce groupe de motions donne à l'assemblée délibérante, les possibilités de revenir sur une de ses décisions antérieurement prises pendant les mêmes assises. Le livre des lois parlementaires de Robert donne ce groupe de motions le nom de « Motions Restauratrices ». Elles restaurent, ou ***elles font revenir le problème malgré*** *qu'il a déjà été décidé par la même assemblée.* La même classe de motion concerne aussi celles qui ont été *posées sur la table* pour qu'elles soient de nouveau traitées par l'assemblée. Il en est de même *d'un sujet qu'on a référé à* un comité pour que l'assemblée puisse le discuter et prenne une décision.

Les motions restauratrices sont :

Celles de **la Reconsidération**

Celles de **l'Annulation ou Amendement** d'une décision antérieur

Celles de l'Adoption

Celles **de prendre un sujet laissé sur la table**.

7- Quel est le BUT d'une motion ?

Pour mieux comprendre les procédures parlementaires, essayez de coupler dans votre pensée chaque motion avec **son but, sa raison d'être.** Par exemple, si vous introduisez une motion principale et qu'un autre membre veut introduire une motion de **retarder indéfiniment** la vôtre , sachez qu'il voudrait tuer votre motion. Donc, si vous voulez annuler la motion principale d'un autre parlementaire, introduisez la motion de retarder indéfiniment la sienne.

8- L'Ordre de Précédence des motions.

L'ordre de précédence veut dire *l'ordre d'importance que suivent les motions.* Chaque motion a son rang. Les motions supérieurs sont plus importantes que les motions inférieurs. Ce qui veut dire que la motion numéro 3 et plus importante que la motion numéro 4. S'il les deux motions sont devant l'assemblée, le numéro 3 sera discutée avant le numéro 4 ou toute autre qui est inférieur à 3. Par exemples, les motions de privilège passent avant les motions subsidiaires ou la motion principale. Voici l'ordre de précédence (par importance) de toutes motions :

Les Motions Privilégiées

1- Celles de fixer l'heure de l'Ajournement

2- L'Ajournement

3- Le Repos (la recréation)

4- La Question de Privilège

5- Rappel à l'Ordre du Jour

Les Motions Subsidiaires

6- Celles de poser sur la Table

7- Celles regardant la question antérieur

8- Celles de limiter ou étendre les débats

9- Celles de retarder jusqu'à un certain temps

10- Celles de référer au Comité

11- Celles d'Amender une motion

12- Celles de retarder indéfiniment

13- La Motion Principale

Les motions du haut sont plus importantes que celles du bas.   Par exemple, la motion principale ne prend de précédence sur aucune autre motion.   C'est pour cette raison qu'on ne peut introduire une motion principale si l'assemblée s'occupe d'une autre motion. Passer le temps de mémoriser cet ordre de précédence pour savoir quand est-ce qu'on doit introduire chaque motion après avoir mémoriser aussi les but de chacune.

Quand plusieurs motions ont été prises pendant les travaux de l'assemblée, la dernière motion passera au vote et la première sera la dernière à passer. Il est donc important que le modérateur maîtrise l'ordre des motions afin de les voter à l'inverse : *la dernière adoptée devient la première à voter.*

Nous venons de traiter l'ordre dans lequel les motions sont votées et adoptées pendant les travaux de l 'assemblée. *L'ordre des précédences de motions incidences et restauratrices est un peu différent.* Puisque les motions incidences s'occupent parfois des sujets relatifs aux procédures qu'on rencontre pendant les travaux de l'assemblée, et que ceux-ci devraient trouver de solutions aussitôt que possible, ces motions ne se trouvent pas dans la liste des 13 motions qui sont rangées par rangs d'importance. Ce qui veut dire qu'on ne peut pas attendre de voter sur une motion *incidence ou restauratrice* parce qu'une telle ou telle autre motion a été introduite et discutée ou est sur le point d'être adoptée.

Les motions restauratrices sont en quelque sorte en elles-mêmes des motions principales. Quant aux **motions de reconsidération, il y a une exception à cause** ses règles spéciales : elles ne prennent de précédence en rien d'autre et elles peuvent être introduites et considérées SEULEMENT quand l'assemblée n'a aucune motion devant elle.

9. Les règles de base gouvernant les motions restauratrices

Il faut mémoriser ces règles concernant ces motions.

Peut-elle interrompre celui qui a la parole ?

Devra-t-elle être secondée ?

Est-elle amendable ?

Est-elle débatable ?

Quel vote faut-il pour son adoption ?

Nous avons inclus dans ce livre une charte sur les règles et les précédences des motions . Il y aura aussi les réponses à ces cinq questions ci-dessus pour chaque question concernant chaque motion et donnant sa classification ainsi que son ordre de précédence.

Il y a des motions qui ont des règles spéciales qui leurs sont particulières. Nous en parlerons à la prochaine section concernant les motions individuelles.

Les règles sur les motions sont logiques. Si on sait le but de la motion, on peut logiquement reconnaître ses règles d'application. Voici par exemple :

(1) Puisse une motion interrompre l'interlocuteur ? Oui, il peut être interrompu pour un sujet de courte

durée, par exemple, *le point d'ordre, ou une motion de reconsidération* ou pour quelque chose concernant les besoins de toute l'assemblée comme **une question privilégiée or un rappel de l'ordre du jour.**

(2) Devra-t-on seconder toutes les motions ? La majorité des motions devraient être secondées. Mais les actes dont *le membre a droit de demander* comme le point d'ordre, ou division de l'assemblée n'ont pas besoin d'être secondés.

(3) Quand une motion est-elle amendable ? Si une motion peut être introduite *en plusieurs formes,* elle devient amendée.

(4) Quand est-ce que la motion est débatable ? La motion est débatable quand elle ne concerne pas un sujet se rapportant **à la procédure qui exige une action immédiate** ; c'est un sujet qui peut être compris par tous les membres sans débats, exemple, **l'ajournement d'une assemblée, lever une motion de la table.**

(5) Quel genre de vote faut-il pour adopter une

71

motion ? Une majorité simple est assez pour adopter une motion. Un vote de 2/3 est exigé pour une action **qui donne droit aux membres de faire quelque chose**, par exemple , *une question précédente, ou limiter les débats.*

LE BUT, LA DESCRIPTION ET LA FORME POUR

INTRODUIRE UNE MOTION

Nous parlerons du but, de la description et de la forme par laquelle on introduit une motion subsidiaire, ou une motion privilégiée, une motion incidence, ou une motion restauratrice.

Comme nous avions déjà couvert la motion principale comme un classe et que nous avions donné les détails sur elle, on n'en parlera plus ici. Sous chaque type de motion, il y aura un exemple. Il faut prêter attention sur qui dit quoi et quand il le dit. On ne peut pas introduire une motion quand on ne connaît pas ce qu'il faut dire. Il y a parfois un langage technique que le modérateur emploie ; comprenons-le.

(1) Retarder une motion

Le but et la description : *Retarder une motion indéfiniment* voudrait dire tuer la motion principale en ne la permettant de passer au vote direct. Retarder indéfiniment une motion a le même effet que la voter négativement.

Cette motion est l'une des motions qui portent des exceptions sur la règle ; c'est pourquoi **elle doit être débattue** immédiatement puisque son débat est soit pour soit contre l'avenir de la motion principale qu'on est en train de débattre.

Cette motion offre **trois avantages tactiques** pour ceux qui opposent la motion principale. *Premièrement,* elle leur donne l'avantage de <u>faire échouer la motion principale</u> ; *deuxièmement,* elle double leur opportunité <u>de s'adresser contre elle</u>, du fait qu'un membre qui est pour la motion principale pourrait s'opposer à celle de la retarder indéfiniment ; *troisièmement,* <u>elle galvanise le groupe qui est contre la motion principale</u> de redoubler leur effort pour annuler la motion.

Exemple

Un membre : Je fais la motion que cette question soit

retarder indéfiniment.

(2) Amender une motion

But et description : L'amendement est la motion la plus utile et utilisée des motions subsidiaires. Son but est de changer la phraséologie d'une autre motion. Elle s'applique le plus souvent à la motion principale. On l'utilise pour modifier n'importe quelle motion qui est amendable. On peut amender une proposition qui a déjà été amendée.

Il y a quatre manières d'amender une motion :

(1) en soustrayant quelques mots ;

(2, 3) en insérant ou additionnant les mots ; et

(4) en adoptant toute la motion subsidiaire. Quand on introduit un amendement, il faut dire exactement ce qu'on aimerait faire de la motion principale qu'on aimerait amender.

L'amendement doit être en rapport à la question à laquelle elle s'applique. Ce qui veut dire qu'il doit aller dans le même sens que la motion qu'on veut amender. Il peut avoir un esprit hostile à la motion à amender mais il ne doit pas avoir l'esprit de la faire échouer ou qu'elle soit rejetée. Un amendement serait hors d'ordre si il essaye de changer d'un genre de procédure à un autre. Par exemple, on ne peut pas soustraire le verbe « référer au comité de finances » pour insérer « retarder indéfiniment ».

Exemple : Supposons que la motion principale-ci était débattue par l'assemblée, » Que la paroisse donne 5.000 frs à la Société Biblique pour envoyer les Bibles à la République du Congo ».

On pourra amender cette motion des manières suivantes :

Amendement 1 : Je fais un amendement dans cette motion en ajoutant, « et à la République Centre Africaine ».

Un autre amendement : Je fais un amendement dans cette motion en éliminant 5.000 frs le remplaçant par 10.000 frs.

Lorsqu'un amendement est proposé comme substitut, à la motion principale, cette subsidiaire proposée et la principale deviennent deux motions mises à la disposition des membres de l'assemblée. Puis le modérateur passe les deux au vote pour juger s'il faut accepter la motion subsidiaire ; puis l'assemblée vote sur la motion principale. La résolution finale de la question sera soit la motion principale ou la motion subsidiaire.

(3) Référer une motion au comité :

Le but et la description : Une motion qu'on « réfère » ou qu'on envoie à un comité alors qu'elle n'a pas été discutée est celle qu'on demande au comité d'étudier pour la ramener à l'assemblée avec certaines recommandations. Et parfois, l'assemblée demande le comité de faire une certaine proposition. Si tel est le cas, une certaine instruction comme partie de la motion devrait être au comité en accompagnement. S'il y a eu des amendements sur la motion principale, ceux-ci devraient aussi être référés au comité.

Nous verrons au chapitre 6 le traitement du travail des comités.

Exemple :

Un membre : Je fais la motion de référer cette motion au comité des Missions.

Ou

Je fais la motion de référer cette motion à un comité de cinq membres qui seront nommés par le modérateur avec l'instruction de nous apporter la solution à la prochaine réunion.

Ou

Je fais la motion de référer la présente motion principale à un comité composé des membres suivants : M. Manny Robert, M. Otélé Bénoît, M. Atangana André, Mmes Essômba Rose et Nkolo Mylène avec tout le pouvoir de prendre une décision au nom de l'assemblée.

Celui qui réfère une motion à un comité devrait être précis sur ce qu'il espère que le comité va faire ; les instructions et les intentions pouvant satisfaire la question devraient être claires. Si la motion référée nécessite un comité spécial, prenez l'initiative de nommer le président et les membres de ce comité de cinq. Ces membres sont ceux qui vous inspirent de pouvoir trouver une solution à cette question.

(4) Renvoyer pour un temps déterminé :

Le but et la description : Quand on remet la motion pour un temps précis, cela pourrait se faire soit pour attendre une certaine décision (rapport), ou un certain événement, ou à cause du manque de temps de le débattre et trouver une solution. On peut remettre la motion pour un certain temps de la même session ou pour la session prochaine. Ne jamais confondre une motion retardée pour un temps et une motion retardée indéfiniment, ce qui veut dire celle qu'on a tué.

Quand la motion principale est retardée à un temps précis, elle devient un **ordre général** pour ce temps précis. S'il n'y a pas de motion à discuter à ce moment précis, le modérateur doit présenter la motion retardée à l'assemblée *pour considération*. S'il y a une autre motion, le modérateur va énoncer la motion retardée et résoudre son problème aussitôt que possible afin de revenir sur la motion qui est discutée par l'assemblée.

On peut aussi retarder une motion principale et la transformer en *ordre spécial*. Les motions en ordres spéciaux interrompent n'importe quelle question qui est discutée en ce moment quand le temps de leur considération arrive. Du fait qu'ils interrompent toute discussion en cours, *le vote de 2/3 de l'assemblée est nécessaire pour transformer la motion principale retardée en ordre spécial.*

Transformer une motion principale en ordre spécial fait de cette motion la plus haute question de cette assemblée.

One ne perd pas le temps quand arrive le moment de traiter une motion principale transformée en ordre général. *Il y a une grande différence entre une motion d'ordre spécial et une motion principale transformée en ordre général.* Une motion principale qui est retardée et transformée en ordre général est *discutée immédiatement après la lecture et approbation des minutes de la dernière session.* **Aucune autre matière devrait venir avant les débats et le vote de cette motion.** *On ne pourra classer dans la classe d'ordre général qu'un seul sujet pendant la durée d'une assemblée.*

Que la motion principale qui est retardée devient un ordre général, ou d'ordre spécial pour une assemblée, la différence est sur l'importance que l'assemblée attache au sujet qui doit être traité. C'est cette importance qui fait qu'on classe cette motion dans l'ordre spécial, ou dans l'ordre général. Nous allons couvrir ce sujet au chapitre 5 sur la section concernant les ordres spéciaux.

Exemple :

Un membre : Je fais la motion de retarder cette question jusqu'à la prochaine section.

Ou

Je fais la motion de retarder la question jusqu'à 1 heure.

Ou

Je fais la motion de retarder la question et d'en faire un ordre spécial pour 9 heures du matin dans notre section régulière.

(5) Limiter ou étendre les débats :

Le but et la description : La motion donne le pouvoir de contrôler les débats en limitant ou en donnant plus de temps aux membres de débattre une question.

La motion de limiter le temps des débats peut même limiter le nombre des interlocuteurs ou les minutes que chacun doit parler ou encore le temps qui reste pour passer la question au vote. Cette motion peut s'appliquer soit pour limiter, soit pour étendre, soit pour limiter le temps avant le vote, ou demander qu'on observe l'heure comme fixée dans l'ordre du jour. Puisque ce que fait cette motion est une manière de suspendre les règles et empiéter sur les droits de base des membres (le droit discuter le sujet en présence affectant ce membre), il faut absolument **2/3 de vote de l'assemblée** pour la mettre en application.

Exemple :

Un membre : Je vais la motion que chaque interlocuteur ne parle que pour 3 minutes.

Ou

Je fais la motion de limiter les débats dans 15 minutes

Ou

Je fais la motion de limiter les débats de cette motion aux prochains quatre interlocuteurs.

(6) Les questions antérieurs

Le but et la description : Le nom le plus approprié à cette motion est **« votez immédiatement »**. Cette motion n'a rien à faire avec une quelque antérieur à considérer par l'assemblée. C'est le fruit de l'ancien anglais ; cette expression est entrée dans le jardon parlementaire en 1604.

La question précédente (question antérieur) comme motion est celle qu'on introduit pour clore les débats et passer au vote. Elle a pour effet **d'arrêter la possibilité d'introduire d'autres motions subsidiaires à la motion principale.** Il y a une seule exception à cette règle ; on peut encore introduire la motion de poser la motion principale sur la table, qui a plus de poids que la dernière.

On peut introduire la motion question antérieur immédiatement après celle qui est en discussion ou celle dite subsidiaire. Si cette motion est prise en considération, elle ne s'applique qu'a la motion qu'on est en train de débattre.

Exemple : Je fais la motion précédente

Ou

Je fais la motion de voter immédiatement

Ou

Je fais appel à la question

Ou

Je fais la motion précédente sur toutes motions

Ou

Je fais la motion précédente sur toutes les motions subsidiaires.

A ce point, le modérateur répète la motion qu'on dispute ou celle qui vient d'être introduite de la manière suivante :

MODÉRATEUR : « La motion a été faite et secondée pour la question précédente ».

Ou

« La motion a été faite et secondée d'appliquer la question précédente sur toutes les questions subsidiaires

(ou sur la motion en discussion) ».

Si la question est adoptée, l'assemblée est dite **être « en ordre pour la question précédente.** » Si le ou les membres crient à haute voie utilisant des mots appropriés qui semblent incorrects : » **Nous faisons appel à la question** », le modérateur devra considérer ces mots comme une motion concernant la question précédente. Mais le modérateur devrait ignorer ou rappeler à l'ordre les membres qui crient, "Question précédente" ou appellent à la question de leurs sièges, tandis qu'un autre membre parle ou cherche à être reconnu. Une telle conduite est non seulement incorrecte, mais rude et apporte le désordre. Un appel à la question précédente ne doit pas se faire dans le désordre. *Le membre qui en fait la demande devrait normalement être reconnu par le modérateur et puis il fait la motion de la question précédente et ensuit, l'assemblée adopte la question par le vote de 2/3.* Quelques assemblées ont la mauvaise habitude d'un seul membre ou un groupe minoritaire fait arrêter les débats en vociférant « question précédente ! question précédente ! ». Il ne faut pas faire ou permettre cela arriver dans votre assemblée.

(7) Poser la question sur la table

Le but et la description : Une motion posée sur la table permet à l'assemblée de provisionnement mettre de côté une motion en pleine discussions parce qu'elle doit prendre soin *de quelque chose plus urgente.* Par exemple, si une assemblée doit entendre une intervention spéciale par un invité qui doit quitter à cause de son programme, et parce qu'un autre important sujet débattu prend plus de temps que prévu, on peut donc poser sur la table ces débats afin d'entendre cet intervenant visiteur.

Une motion en discussions posée sur la table de cette

manière est reprise par le vote de l'assemblée pour sa reprise de la table. On peut la reprendre à la même session si le temps le permet ou le jour suivant.

Il y a aussi la tendance pour les uns de vouloir utiliser une motion ou question posée sur la table pour vouloir la tuer. Ne pas permettre cet usage. Il est normal que toute motion retardée d'une manière ou d'une autre soit débattue et passée au vote pour qu'elle soit adoptée s'il y a majorité ou tombe si elle est appuyée par la minorité. Si on veut tuer une motion, introduisez la motion qu'elle soit retardée indéfiniment. Mais si vous voulez retarder une motion ou une certaine considération pour un autre temps, introduisez une motion de la retarder jusqu'à un certain temps. Voici les motions qui permettent d'atteindre ces buts :

Exemple :
Un membre : « Je fais la motion de poser cette question sur la table ».

(8) L'Appel sur l'Ordre du jour

Le but et la description : Cette motion est une demande que l'assemblée se conforme à l'ordre du jour ou à son agenda. Si le modérateur ne suit pas l'agenda ou que les choses prennent plus de temps que prévu, ou que les choses à l'ordre de jour ne se passent pas comme prévu, un seul membre agissant peut faire en sorte que le modérateur fasse ce qu'il faut. ***Cette motion n'a pas besoin d'être secondée.*** Une fois que la motion sur l'ordre du jour est introduite, le modérateur et l'assemblée tous les deux doivent observer la demande du membre. La seule manière de ne pas observer l'agenda après la motion du membre serait que les 2/3 des membres votent autrement.

Exemple :

Membre : « Je fais appel à l'ordre due jour ! »

(9) Question privilégiée

Le but et la description : La question privilégiée concerne tout sujet qui est en rapport ***avec les droits et les privilèges de l'assemblée ou de ses membres*** ; à cause de leur urgence, quelque chose doit être considéré immédiatement.. Ceci a souvent trait au confort, à la sécurité, ou l'intégrité des membres. Par exemple, le problème de la chaleur , du froid ou de la lumière dans la salle de réunion ; quand il faut apporter une telle question à l'attention du modérateur, c'est une question privilégiée.

La question privilégiée comme celui de l'invité qui devrait prendre la parole tout de suite, *un seul membre peut interrompre l'interlocuteur pour introduire une telle question.* La motion de la question privilégiée est introduite comme une demande au modérateur. Celui-ci peut ou l'accorder ou la rejeter. Et parfois, on peut aussi l'introduire comme une motion que le modérateur a aussi l'option d'accorder ou de nier. Comme pour toutes les autres décisions du modérateur, celles qu'ils prend concernant les questions privilégiées peuvent être sujet à un appel. Ces motions sont souvent abusées pour devenir un prétexte pour débattre un certain problème. Si telle est l'intention, le modérateur devra être ferme pour considérer une telle motion comme étant hors d'ordre. Il devra admettre seulement les motions qui ont trait au confort, à la sécurité et à l'intégrité de l'assemblée et de ses membres. Même à ce niveau, il pour interrompre les travaux de l'assemblée rien que quand la motion exige une action immédiate.

Exemple :

LE MEMBRE : « Je soulève la question privilégiée »

LE MODÉRATEUR : « Que le membre énonce sa question privilégiée ».

Membre : « M. le modérateur, nous ne pouvons pas suivre ce qui se dit là-bas devant à cause des bruits des membres qui son assis entre vous et nous ici derrière ».

Modérateur : « Que ceux qui sont assis entre nous et l'interlocuteur se taisent et je demande aux contrôleurs d'encadre cette section de la salle ! »

(10) Recréation ou repos

But et description : En adoptant une motion de prendre le repos donne à l'assemblée quelques minutes de se relaxer, d'aller aux toilettes, et de boire un verre d'eau. C'est une intercession qui est souvent nécessaire. Alors que la motion d'ajourner met fin à une session , la motion de repos suspend seulement les travaux pour un temps spécifique.

Exemple :

LE MEMBRE : « Je fais la motion que nous prenions un repos de 15 minutes ».

Ou

LE MEMBRE, « Je vais la motion que nous prenions un repos jusqu'à 13 heures.

(11) Ajournement

But et description : Quand on adopte la motion d'ajournement, cela veut dire que le modérateur doit arrêter les travaux de la journée. La raison de cette motion qui s'arrange en deuxième en précédence veut dire qu'il n'y a aucune majorité qui peut la suspendre et faire continuer les travaux de l'assemblée pour cette journée.

La motion d'ajournement est une motion privilégiée qui ne peut prendre effet que selon ces trois exceptions :
 Quand elle demande l'ajournement jusqu'à une certaine heure.

Quand sa demande est conforme à l'heure qui avait été fixée d'avance dans l'Agenda.

Quand l'ajournement va congédier l'assemblée par exemple, la dernière session le dernier jour de l'assemblée pour la séparation des délégués.

Quand cette motion d'ajournement satisfait l'un de ces trois cas, elle devient une motion principale incidence et elle est traitée comme toute autre motion.

Exemples :
LE MEMBRE : « Je fais la motion que nous ajournons ».
LE MEMBRE : Je fais la motion d'ajourner jusqu'à 10 heures du soir.
Concernant le dernier exemple, la motion d'ajournement se qualifie. Elle n'est plus une motion privilégiée, mais une motion principale et elle ne peut être introduite que quand aucune autre motion est discutée. Pour cette raison, elle est débatable et amendable.

(12) Fixer le temps de l'ajournement de la réunion

But et description. Quand l'heure est déjà tardive, les membres fatigués, peut-être ont d'autres choses à faire, l'assemblée devra absolument ajourner ses travaux, en même temps, il y a encore d'importants points prévus qui devraient être résolus dans l'ordre de ce jour. Que faire ? Il faut introduire une motion pour fixer quand il faudra ajourner.
Cette motion motive les membres de l'assemblée à fixer l'heure à laquelle la prochaine rencontre de cette

assemblée devra continuer les travaux qui devaient être terminés cette fois-ci. Cet acte de l'assemblée concernant ces travaux est l'ajournement de la réunion. Tout ce qu'on devait faire à la session précédente sera fait à la suivante session . Les deux session dans les rapports ne comportent qu'une seule session, qu'une seule réunion. (Il faudra aussi voir la section sur les types de réunions ou sessions au chapitre 5.

Exemple
LE MEMBRE: « Je fais la motion d'ajournement. Que nous ajournons jusqu'à 8 :00 heures demain pour reprendre les travaux ».

(13) Le point du jour

Le but et la description : Quoique le modérateur est responsable d'observer strictement l'agenda de la réunion, momentanément, il pourra faillir et manquer d'observer ou de corriger les erreurs des règles des procédures ou même les violer. Quand cela arrive, n'importe quel membre de l'assemblée peut faire appel à l'erreur ou à la règle en *soulevant le point d'ordre*. Quand il s'agit du point d'ordre, on n'a *pas à demander*

la parole au modérateur ou que l'on soit secondé.
Puisque le point d'ordre doit être soulevé quand l'erreur est commise, le membre a droit d'interrompre l'interlocuteur pour le faire.

Aussitôt que le point d'ordre est soulevé, le modérateur doit dire, **« bonne observation ! » ou « pas une bonne observation »** . S'il reconnaît que c'est une bonne observation   -well taken – il donnera l'ordre que l'erreur soit corrigée. S'il juge que le point n'est pas correctement soulevé, il devra donner des explications pour justifier sa position.   Après cela, les travaux de l'assemblée vont continuer.

Dans le cas où le modérateur juge que le point de l'ordre que vous avez soulevé n'était pas correct, et si vous êtes sûr de votre observation, vous avez le droit de faire appel à sa décision et l'assemblée doit décider qui a raison.   Si nous avez raison, votre observation devra être appliquée.

ATTENTION : Ne soulevez pas les points d'ordre sur toute petite irrégularité ; vous risquez d'être nuisible. C'est dans les cas les plus flagrants et surtout ceux qui affectent les grandes décisions de l'assemblée qu'il faut le faire.

Exemple :

LE MEMBRE: « Je soulève le point d'ordre

Ou

« Point d'ordre »

LE MODÉRATEUR: » Que le membre énonce sont point d'ordre ».

LE MEMBRE : M. le Modérateur, l'interlocuteur qui vient de prendre la parole l'a déjà fait concernant cette motion alors que moi, je n'ai pas encore parlé ».

Le Modérateur « : « Votre point d'ordre bien soulevé ; M. l'interlocuteur assoyez-vous ». Puis le modérateur va donner la parole à celui qui a soulevé le point d'ordre.

Ou

LE MODÉRATEUR : Votre point d'ordre n'est pas correct. Le membre auquel je viens de donner la parole a parlé à la dernière motion et non dans celle-ci.

Si le modérateur ne sait pas comment traiter le point d'ordre, avant de rendre son jugement, il doit consulter celui qu'on appelle **« le parlementaire »**. Le membre qui porte ce nom n'est un autre que le Secrétaire de la réunion. Il est donc très important que celui qui connaît la lois et les procédures parlementaires soit à côté du modérateur comme son consultant. S'il n'y a personne qui peut lui donner les conseils, il peut soumettre la question à l'assemblée.

(14) Appel :

Le but et la description : Chaque fois que le modérateur prend une décision qui vous paraît injuste et non conforme aux règles, vous avez le droit de faire appel à l'assemblée afin qu'elle renverse la décision du modérateur. La motion d'appel ne peut s'appliquer qu'aux décisions du modérateur. Enoncer les faits ou donner une opinion n'est pas un sujet à faire un appel.

Il faut faire appel aussitôt que la décision est prise par le modérateur. Si d'autres travaux prennent place et que vous voulez faire appel, c'est trop tard. Vous n'avez pas besoin de demander la parole au modérateur et vous avez droit t'interrompre l'interlocuteur pour faire appel. Après qu'un autre membre vous seconde, le modérateur a droit de présenter ses raisons concernant sa décision. L'appel est débatable quand il concerne une motion débatable. Quand un appel est donc débatable, chaque membre ne peut parler qu'une seule fois. Le modérateur seul peut parler deux fois : une fois avant les débats et une fois à la fin des débats. Même quand l'appel n'est pas débatable, le modérateur a droit d'énoncer ses raisons à base desquelles il a pris sa décision..

Exemples :

LE MEMBRE : « Je fais appel à la décision du modérateur. (l'appel est secondé).

LE MODÉRATEUR : (Après avoir énoncé la question qui l'a conduit à prendre la décision protestée, il a le droit de donner les explications à base desquelles il a pris sa décision). Puis, il va demander à l'assemblée si sa décision doit être maintenue. (les débats)

LE MODÉRATEUR: « Que ceux qui sont en faveur disent « Oui ! ». Que les contres disent « Non ! » Il va déclarer les résultats du vote.

NOTA BENE : La question n'est pas de soutenir le modérateur, mais de soutenir la décision du modérateur.

(15) L'Enquête parlementaire

Le but et la description : L'un des droits fondamentaux d'un membre d'une assemblée est d'être informé de tout ce qui se passe. Si vous semblez être confus de quoi on parle ou le point discuté, disons que tu voudrais savoir les conséquences d'une certaine décision à prendre si on votait « oui » ou si on votait « non »., vous avez droit à demander les questions de procédure concernant la question débattue. Ce genre de problème ou cette procédure est ce qu'on appelle l'enquête parlementaire. Il faudra donc s'adresse au modérateur. C'est le devoir du modérateur d'assister les membres qui veulent être sûrs qu'ils savent ce qui se passe et surtout qu'ils auront à voter sur cette matière

Exemple :

LE MEMBRE : Mr. Le Modérateur, je soulève une enquête parlementaire :

LE MODÉRATEUR: « Présentez votre question.. »

LE MEMBRE : Il y a la motion principale d'adopter le budget, mais il y a un amendement à la ligne 5, et il y a aussi une motion de référer le budget à un comité. Tout cela est devant nous ; et je vois que la motion de référer le budget au comité est celle que nous devons voter. Laquelle votons-nous maintenant ? »

(16) Point d'information :

But et description : Le point d'information est une question de fait concernant le problème ou la question débattue. On le traite comme une enquête parlementaire ; la seule différence est qu'il se rapporte au sujet en débats et pas à une procédure parlementaire. On s'adresse au modérateur pour le point d'information et parfois un autre membre peut donner les explications concernant le point d'information.

Exemples :

LE MEMBRE: « M. le Modérateur, je soulève un point d'information.. »

LE MODÉRATEUR : « Présentez votre question «

LE MEMBRE : « Pendant combien de temps le don à la Société Biblique devra-t-il être inclus dans le budget ? »

LE MODÉRATEUR : « Est-ce que le Trésorier peut répondre à cette question ? »

Puisque les membres ne sont pas permis aux uns les autres durant les débats, si vous voulez demander une question au membre qui a la parole, il faut l 'adresser au modérateur. Voici la forme :

LE MEMBRE : M. le Modérateur, est-ce que l'interlocuteur me permet de lui poser la question ?

Le modérateur peut ou ne pas vous permettre de lui poser la question pendant que l'interlocuteur continue de parler. Si le modérateur est d'accord, le temps de poser et de répondre à la question devra être soustrait du temps qu'on lui avait accordé la parole.

(17) Division de l'assemblée

But et description : N'importe quel membre d'une assemblée qui n'est pas sûr du résultat du vote peut faire appel à la division de l'assemblée que exige que le modérateur demande à l'assemblée aux membres qui sont en faveur de se lever et de ceux qui sont contre de s'asseoir et il y a un compte des deux qui s'effectue.

Exemple :
LE MEMBRE: M. le Modérateur, je demande la division de l'assemblée

Ou

« Division ! »

LE MODÉRATEUR , Il y a appel à la division ; que ceux

qui sont en faveur se lèvent....

(18) Diviser la question:

But et description : La motion de diviser la question permet à l'assemblée de diviser une motion principale qui est composée d'autres parties indépendantes. En le faisant, l'assemblée sera capable de voter chaque partie indépendamment des autres.

Dans la plus part des cas, la motion de diviser la question doit être secondée avec un vote majoritaire. Donc, il faut que plus de la moitié de l'assemblée accepte qu'on divise la question. L'exception est dans le cas où une série de résolutions indépendantes ou des motions qui s'adressent à plusieurs sujets est offerte comme une seule motion. Dans ce cas, un seul membre pourrait demander un vote séparé d'une certaine ou de toutes les révolutions ou les motions indépendantes en bloque en un seul vote.

Exemples : Supposons que le modérateur vient de reprendre cette motion « que la paroisse perçoive des offrandes spéciales pour Noël pour les enfants orphelins et qu'on les ajoute dans le budget missionnaire paroissiale de cette année ». Supposons que vous voulez séparer ces deux propositions en deux motions, vous pourriez donc dire,

LE MEMBRE: M. le Modérateur, I propose que nous divisions cette motion afin que la question d'ajouter ces enfants dans le budget paroissiale de cette année soit considère séparément.

Quand il s'agit des conventions, comme on nomme souvent un comité pour quelques résolutions, le plus souvent, on vote en bloc les résolutions présentées. Si on a l'intention de discuter une certaine résolution pour discussion, mieux vaut le dire et on votera spécifiquement à la fin sur celle-là d'abord et enfin voter le tout en bloc,

Le membre : M. le Modérateur, Je fais appel au vote séparé pour la résolution # 6

(19) Suspendre les règles

But et description : Parfois, l'assemblée voudrait faire quelque chose qui est contre les règles de procédure. Ceci n'est possible que dans un cas spécial et tout le monde doit savoir que c'est la cas maintenant. Pour le faire, l'assemblée doit prendre une action en adoptant la motion de suspendre les règles.

On ne peut suspendre rien que les règles de procédure. Les règles du règlement intérieur ne peuvent pas être suspendues. Les règles qui protègent le droits individuelles des membres ou de ceux qui sont absents ne peuvent pas être suspendues.

Quand on introduit la motion de suspendre les règles, il faut énoncer clairement l'action que vous voulez prendre. Si la motion est adoptée, elle ne peut affectée qu'une seule règle de procédure qui défend l'action que vous avez énoncée.

Le vote des 2/3 est nécessaire pour suspendre la règle.

Les motions de suspension de règles sur les sujets qui n'apportent pas de controverses sont souvent votées à l'unanimité.

Dans les conventions, de telles motions sont souvent introduites quant il s'agit de traiter les sujets de l'Agenda, non comme ils se trouvent dans l'Agenda, mais par importance, par exemple.

Exemple :

LE MEMBRE : M. le Modérateur, je fais la motion de suspendre les règles et qu'on continue de traiter le point numéro 32 de l'Agenda.

(20) Motion de reconsidération

But et description : Les assemblées commettent des erreurs. La motion de reconsidération permet à la même assemblée de prendre une question qu'elle avait déjà voté. Si cette motion est adoptée, la motion originale reviendra pour les débats comme si le vote n'a pas encore eu lieu.

NOTA BENE : Ce n'est qu'un membre qui a voté en faveur qui peut introduire la motion de reconsidération. La motion ne peut être reconsidérée que pendant la même session pendant laquelle elle était adoptée. Pour les travaux des sessions qui prennent plus d'un jour, comme les conventions, on peut reconsidérer la motion de reconsidération le même jour qu'elle avait été adoptée ou le jour suivant.

La motion de reconsidération est la seule qui a une scission d'ordre de priorité pour son introduction et son examen. On peut introduire la motion secondée m'importe quand ; elle peut devenir prioritaire devant m'importe quelle motion qui est aux débats. Le membre qui introduit la motion de reconsidération peut même interrompre un autre membre interlocuteur qui a droit à la parole s'il n'a pas encore commencé de parler. Mais à cause du respect de sa considération, la motion de reconsidération a le même poids que la motion d'être considéré ou d'être sur le point d'être présentée devant l'assemblée. Par exemple, si vous voulez reconsidérer une motion principale qui a déjà été adoptée, vous pouvez demander sa reconsidération n'importe quand même si l'assemblée est sur le point de considérer un autre sujet. Mais votre motion de reconsidération ne pourrait être présentée et discutée qu'après que la motion principale soit en ordre.

La motion de reconsidération est débatable seulement que quand la motion dont elle se réfère est débatable. C'est aussi une des exceptions à la règle que les membres ne peuvent débattre rien qu'une question qui est aux débats. Le débats concernant une motion de reconsidération a les mêmes mérites que la motion auquel il s'applique.

D'habitude, ce ne sont que les motions principales qui sont reconsidérées.

Exemples :

LE MEMBRE : « Je fais la motion de reconsidérer le vote sur la motion d'inviter le Dr. Matthias Meye comme notre prédicateur du Renouveau de l'EPC ».

Si la considération d'une motion de reconsidérer n'est pas en ordre quand elle est introduite (faite), le modérateur dira :

LE MODÉRATEUR : « Le Secrétaire va prendre note que cette motion est faite et secondée concernant le vote d'inviter le Dr. Matthias Meye comme notre prédicateur du Renouveau de l'EPC. »

Et quand le moment est disponible pour qu'on puisse reconsidérer la motion de reconsidération, celui qui a fait cette motion est demandé de prendre la parole.

LE MEMBRE : M. Le modérateur, je fais appel à la motion de reconsidération d'inviter le Dr. Medjô Jean comme notre prédicateur du Renouveau de l'EPC.

LE MODÉRATEUR : La motion de reconsidération du vote sur la motion d'inviter le Dr. Medjô Jean comme notre prédicateur du Renouveau de l'EPC est devant vous. Y-a-t-il de discussions ?

Quand le modérateur met la motion au vote, tous les membres devraient comprendre qu'ils ne votent plus sur la base de la motion originale, mais pour savoir s'ils veulent la reconsidérer. Le modérateur va donc annoncer le vote de cette manière (après le compte du vote)

LE MODÉRATEUR :
Ceux qui veulent la reconsidération sont en faveur. La motion de reconsidération passe.

Ou

LE MODÉRATEUR:
Ceux qui n'acceptent pas la reconsidération sont en majorité. La motion de reconsidération tombe.

Il faut deux votes pour compléter la motion de reconsidération d'une question : Le vote affirmatif sur la reconsidération et le second vote sur la motion originale.

Il y a une formulaire spéciale pour faire entrer cette motion de reconsidération dans les Minutes. Cette motion de reconsidération ne peut avoir lieu rien que le même jour que la motion originale était adoptée.

(1)On ne peut pas faire la reconsidération d'une motion adoptée hier aujourd'hui. (2) Elle est possible que pour les motions de reconsidérations qui disposent de toute la motion originale. Le but de cette motion de reconsidération est pour prévenir à une majorité temporaire de prendre un certain avantage du petit nombre de membres présents pendant les débats d'un sujet dans une réunion.

La reconsidération et la façon d'écrire les Minutes empêchent toute action sur la motion si elle est introduite à l'assemblée le jour suivant. Cette motion de reconsidération permet, ne serait-ce que deux membres d'une assemblée (celui qui fait la motion et celui qui la seconde) d'empêcher à une majorité temporaire de prendre le dessus de l'assemblée. Mais puisque cette motion peut être abusée, on ne doit l'utiliser que dans les cas extrêmes quand il y a vraiment une sous représentation de la majorité n'était pas présent et surtout quand on sait que la décision prise par cette minorité majoritaire pourra détruire et non construire.

Voici la formule :

LE MEMBRE : Je fais la motion de reconsidérer et de

faire entrer dans les Minutes le vote de la motion de....

(21) Annuler ou amender ce qui a déjà été adopté.

But et description : Annuler ou amender ce qui a déjà été adopté antérieurement ont deux formes pour la même motion. Alors que la motion de reconsidération défait ou annule l'action antérieurement prise pendant la même session de l'assemblée, la motion d'annuler ou d'amender ce qui a déjà été adopté antérieurement adopté peut changer le texte de ou faire disparaître l'entière motion sans tenir compte du temps passé de cette action.

Les débats pour les deux motions pour ces deux motions doivent aller en faveur de leurs intentions.

Puisque la substance de ce sujet qu'on doit annuler ou amender est certainement conséquent (germain) à la décision d'annuler ou d'amender la motion originale.

Pour protéger les membres qui pourraient être absents de la réunion ordinaire, la motion d'annuler ou d'amender quelque chose qui a déjà été adopté demande plus que la simple majorité de vote Pour que l'une ou l'autre motion soit adoptée, il faut (1) 2/3 de la majorité de vote, (2) la majorité des votes si une notice était donnée à tous les membres à la dernière assemblée régulière ou quand la présente réunion était convoquée. Ou (3) la majorité des votes de tous les membres.

Exemples :

LE MEMBRE : Je fais la motion n'annuler « que le pasteur congédie le culte de dimanche soir pendant les mois d'été. « motion qui était adoptée à la réunion de ce matin.

Ou

LE MEMBRE : Selon la notice qui vous été remise avant la séparation à la réunion régulière du 20 Avril, je fais la motion que le pasteur congédie le culte de dimanche soir pendant les mois d'été ».

(22) Reprendre une motion de la table

Le but et la description : On peut reprendre une motion posée sur la table pendant la même session ou la session suivante. Quand il y a considération d'une motion qui était posée sur la table, elle revient à l'assemblée au niveau qu'elle était avant d'être posée sur la table.

Exemple :

LE MEMBRE : Je fais la motion de reprendre la motion tablée relative au Mouvement de Renouveau dans l'EPC.

SUMMAIRE

Ces 23 motions sont les instruments fondamentaux de l'assemblée délibérative. Apprenez chaque but de chaque motion, sa classification, son ordre de précédence, les règles de base qui gouvernent son emploi et la forme à utiliser pour l'introduire. Il faudra essayer d'établir une charte des règles et précédence de la motion. Cette charte sera très importante pour cet apprentissage. Elle serait facile à consulter dans une assemblée.

CHAPITRE 4

LES DÉBATS

INTRODUCTION : M. Roger Sherman, l'un des signataires de la Déclaration de l'Indépendance des Etats-Unis en 1787 est celui qui a résumé la stratégie parlementaire avec ce conseil :» Quand vous êtes minoritaire, parlez ; quand vous êtes majoritaire, votez ». Parler et voter sont les deux plus importants éléments dans le processus parlementaire. Toutes les règles et technicités sont dirigés pour aider les membres dans leurs discussions des questions et prendre des décisions. Ce chapitre va expliquer comment organiser et présenter vos idées dans un discours parlementaire utilisant quelques stratégies de base pour faire adopter ou échouer les motions.

Comment faire un discours parlementaire

1. Dites tout clairement, précisément, et immédiatement. Dites la raison pour laquelle vous prenez la parole.

Les discours parlementaires sont trop courts pour perdre le temps au modérateur ou aux membres d'imaginer ce que vous voulez dire. Ne laissez pas les autre se demander ; dites leur immédiatement la raison pour laquelle vous avez pris la parole. Si vous supporter la motion en discussion, dites :

Le membre : M. le Modérateur, je me lève pour parler en faveur de cette motion parce que....

Si vous voulez faire échouer la motion, dites :

LE MEMBRE : M. Le Modérateur, je m'oppose à cette motion parce que....

Si vous voulez amender la motion, retarder la motion, la référer à un autre comité etc.....dites le pleinement. Utilisez le langage parlementaire approprié pour ce que vous voulez dire au Modérateur ou ce que vous voulez que l'assemblée fasse. Par exemples :

LE MEMBRE : M. Le Modérateur, je fais la motion d'amender en enlevant les mots « vingt-cinq » pour insérer le mot « dix « .

Ou

LE MEMBRE : M. Le Modérateur, je réfère la motion à un comité spécial ayant pour présidente Madame Jeanne Amougou, et comme membres MM. Essama Lucien, Ambassa Jean, Onna Basile et Essindi Abraham, avec l'instruction de nous présenter une proposition concrète à la prochaine session de l'assemblée.

Ne faites pas en sorte que le Modérateur ou l'assemblée se demande de ce que vous voulez faire ou vous posez la question ou vous discutez le problème. Faites la demande ou débattez la motion.

LE MEMBRE: M. Le Modérateur, je soulève une enquête parlementaire. Si ce motion subsidiaire est adoptée, qu'adviendra la motion principale ?

Ou

Le membre : M. Le Modérateur, je soulève le point d'ordre. La motion qui vient d'être introduite est hors d'ordre parce que le Règlement Intérieur interdit l'EPC à supporter un candidat politique ou simplement à faire la politique.

Ou

LE MEMBRE: M. Le Modérateur, je suis en faveur de la motion parce que....
Utilisez le jargon parlementaire pour n'importe quelle action vous voulez entreprendre. Personne ne sera persuader de faire ce que vous voulez être fait que dans la mesure qu'ils comprennent clairement ce que vous aimerez être fait. En utilisant les mots exactes du langage parlementaire, pour énoncer clairement la raison de votre prise de parle, vous vous faites comprendre.

2. Présentez un seul important point pour que les autres supportent votre position concernant la motion discutée.

Premièrement, choisissez le point le plus important à raison duquel vous êtes pour ou contre la motion. Pourquoi ? ou pourquoi pas ? Rappelez-vous qu'il y a plusieurs qui vont débattre et que cette occasion pourrait être la seule pour vous et vous n'avez que quelques minutes pour présenter votre cas. Faites-le succinctement aussi que possible. Dans le cas où on va limiter les débats, vous n'auriez plus le temps de défendre votre position. La température de la salle indispose déjà les uns et les autres ; le temps d'aller manger s'approche déjà ; des dizaines d'autres choses sont encore à faire ; l'audience a déjà beaucoup entendu de cette motion ; ceux qui sont contre votre position n'ont pas un point aussi important que le vôtre. Vous voulez gagner le vote sur cette motion, faites tout pour convaincre les autres membres, non seulement sur ta belle manière de parler, mais qu'ils se rappellent de la raison bénéficiaire et salvatrice de votre intervention.

En parlant, donne à l'assemblée et au Modérateur les limitations. Vous avez plus de chance de convaincre l'audience avec une raison claire, concise et inoubliable pour voter selon votre position en la manière. Si après avoir fait cette bonne première intervention et que vous trouvez qu'il est nécessaire d'intervenir encore, demandez la parole pour la deuxième fois. Mais chaque fois que vous vous levez pour parler, fixez vos pensées sur la raison fondamentale de votre intervention, et adressez seulement un seul sujet, celui qui est discuté devant l'assemblée.

Si vous suivez cette règle, non seulement que vous serez compris, mais que vos collègues vont aussi apprendre. Quand vous vous levez pour parlez, sachez que tout le monde veut vous entendre ; votre clarté et votre précision feront en sorte que votre influence dans la direction des choses sera notoire. Ceux qui veulent s'opposer à vous auront beaucoup de difficultés par ce qu'ils ne savent pas appliquer cette règle.

Deuxièmement, condensez la raison spécifique de votre position en un seul point, une seule phrase qui frappe, qui surplombe de reste. Les plus grands discours ont des thèses, une seule phrase qui résume tout ce qu'on veut dire. Cette phrase est claire, précise, succincte, vive et le plus souvent simple à retenir. Cette thèse est la punaise avec laquelle vous fixez votre discours dans la pensée de votre audience. Elle doit être courte, simple, assez persuasive et facile à se souvenir.

Enfin, attaquez le point, dites en brièvement dès le début ce que vous voulez dire. Puisque les discours parlementaires ne sont pas longs pour ne pas perdre le temps, dites ce que vous voulez dire. Ni les membres, ni le Modérateur ne sont pas intéressés au reste. Ils veulent savoir là où vous allez atterrir. Ne les faites pas attendre. Dites ce que vous voulez dire. Faites-le au début de votre discours.

3. Prouvez votre point, votre thèse.

Aristote qui avait vécu 4 siècle avant Jésus Christ avait dit qu'il y a deux parties les plus importantes dans un discours : l'introduction et le développement. Dans l'introduction, il faut présenter clairement et succinctement votre cas, et deuxièmement, il faut prouver que vous avez un cas. Ses conseils du quatrième siècle avant Jésus Christ tiennent encore aujourd'hui. Distillez la belle raison que vous avez pour justifier votre position en une seule phrase. Vous introduisez votre discours par cette phrase, cette thèse ; puis, votre devoir pour le reste de temps sera pour l'expliquer, pour la mettre en pratique, pour donner à vos auditeurs assez de faits afin qu'ils deviennent convaincus de votre point de vue.

Exemples : Les analogies, les statistiques (si elles sont simples et faciles à visualiser) les définitions, les citations (si elles sont courtes et faciles à mémoriser), les aides visuelles, les cartes, les chiffres, les graphiques tout cela peut aider à transmettre clairement et efficacement votre position.

Dites à votre audience, qui, quoi, quand, comment, et

pourquoi. Donnez leur de spécifiques faits et des détails qui vont les convaincre de voter avec vous.

Par exemple, « est-ce que vous êtes d'accord que votre paroisse continue de dépenser l'argent pour envoyer les Bibles dans les champs de mission ? Quand vous vous levez pour présenter une motion pour cette question, racontez-leur une histoire pour prouver votre point.

LE MEMBRE : Monsieur le Modérateur, quand Leslie Weatherhead n'avait que cinq ans, elle avait acheté une Bible du Pasteur pour 5 francs. Elle avait écrit son nom sur la première page et l'envoya en mission en Inde. Un jour, dans une rencontre évangélique, le missionnaire avait donné cette Bible à un paysan qui vivait dans l'arrière pays. Quelques 25 ans après, quand un autre groupe missionnaires a atteint ce village, ils avaient trouvé un solide groupe de chrétiens qui formaient une église. Ce villageois ayant prêché la Bonne Nouvelle aux autres, avait converti toute sa tribut au Christianisme. Voilà le fruit d'une Bible coûtant 5 francs offerte par un enfant âgé de 5 ans. Le don d'une seule Bible avait accompli le travail que peut être les missionnaires ne pouvaient faire. Imaginez si 10 , 100 ou 1,000 Bibles étaient distribué en Inde par ce même missionnaire aux villageois des villages les plus reculés en Inde en même temps que celle de cet enfant ! Ce que Dieu a fait de cette Bible en ce temps-là, il peut encore le faire aujourd'hui si nous votons en faveur de cette motion. Je suis en faveur de cette motion.

4. Rephrasez votre thèse pour une action

Vous avez démontré votre point ; ceux qui vous écoutent sont largement satisfaits de votre exposé. Ils sont convaincus qu'ils savent déjà ce qu'il faut faire. Cette partie de votre discours ne prendra rien que cinq secondes alors qu'elle est la partie cruciale de votre intervention. Cette partie est celle qui vous fera gagner ou perdre. Dans votre introduction, vous avez fait savoir à votre audience la raison principale de votre position à travers votre phrase thèse. Il est temps maintenant de demander à l'assemblée d'adopter ou de rejeter la motion. Ne vous comportez pas comme s'ils savent déjà que faire ; dites le leur.

LE MEMBRE : M. Le Modérateur, les fous se précipitent là ou les anges ont peut de s'hasarder d'aller. Ne soyons pas les fous. Je demande à cette auguste assemblée de rejeter cette motion.

Ou

LE MEMBRE: M. le Modérateur, la motion qui est devant nous est un amendement au budget en accordant 5.540 frs pour envoyer 100 Bibles au champs de mission en Inde. La vrai question est celle-ci, est-ce que une âme humaine vaut la peine de dépenser 5.540 frs ? Je crois que « oui ». Je demande à cette assemblée de voter en faveur de cette motion.

Votre éloquence vaudra rien si votre audience reste incertain de dire « oui » ou « non » sur la question qui se trouve devant elle . L'objet de votre prise de parole et surtout la dernière phrase doit faire en sorte que tout le monde se penche sur votre position et voter en votre faveur.

5. La Stratégie parlementaire de base

En lisant mes instructions sur la procédure parlementaire, il ne faut pas penser que mon intention est de faire des juridictions de l'Eglise des cours compétitives où le coté qui connaît comment utiliser les règles et formes rhétoriques devrait absolument gagner même quand il s'agit de détruire et non de construire l'Eglise de Dieu. La procédure parlementaire n'est pas un sac plein de truques pour gagner. Il y a des règles pour permettre à l'assemblée des chrétiens et chrétiennes d'être capable de conduire leurs affaires. On doit se servir des règles pour jouir de ses droits et devoirs comme membre d'une organisation ; on doit les utiliser pour promettre ses idées selon les moyens permissibles pour que l'Esprit de Dieu inspire les sauvés ; on doit les utiliser pour opposer les motions qui n'apportent pas la gloire à Dieu et à tout ce que l'on croit être la volonté de Dieu.

Voyons maintenant comment on peut gagner la confiance de l'assemblée. La clé de pouvoir faire en sorte que les autres approuvent et appuient votre position est *d'être bien préparer en allant à l'assemblée.*

Dans son autobiographie, le General de l'Armée de l'Air, Chuck Yeager, le tout premier homme qui a volé le supersonique, a dit qu'un pilot qui est appelé à voler les avions d'essaie doit soigneusement et méthodiquement étudier tous les manuels des avions qu'il va voler. On peut être un excellent pilote, mais sans étudier les manuels de nouvel avion expose sa vie. Il aurait perdu sa vie en volant un B-29 à 10.000 kilomètres quand il s'était fait injecté.

Voici une suite de suggestions qui vous permettront de

vous préparer en allant aux assemblées.

Ce qu'il faut faire avant les assemblées

1. Apprenez très bien les règles parlementaires

Vous ne pourriez pas exercer les droits et les devoirs que vous ne savez pas qu'ils sont les vôtres ; vous ne pouvez pas appliquer les règles que vous ne savez pas et quand il faut les appliquer. Apprendre ce livre en entier avant l'assemblée vous permettra de parler avec autorité. Soyez mettre de vos règles et accumulez assez d'expérience dans la procédure parlementaire autant que vous pouvez.

Ça paye de contre ces règles. Voici un exemple basé sur la préparation. Le Modérateur d'une session, après un long débat sur la question de référer indéfiniment la proposition de payer les Bibles pour une mission étrangères, cinq anciens étaient en faveur et quatre étaient contre. Puisque le Modérateur savait que selon la règle, comme il devait voter, son vote en cas d'égalité de voies vaut deux voies. Comme il a voté avec ceux qui étaient contre, non seulement que le vote était à égalité, mais le négatif avait gagné le vote.

2. Il faut bien savoir les faits

C'est mieux de connaître les règles, mais très important de savoir la substance. Avant de vous lever pour prendre la parole dans une assemblée, soyez sûr de ce que vous allez dire. Si tout ce que vous dites dans un bon et excellent discours n'est pas supporter par les faits, votre discours ne vaut rien. Arrangez vos idées, nos nombres, vos dates et faits avec toute la logique possible. Retenez les noms des lieux et des personnes. Quelques erreurs, et faussetés dans les données ruinent tout ce que vous voulez atteindre. Il ne faut pas attendre juste quand votre avion est dans les airs ou au moment que vous vous tenez devant l'assemblée pour reconnaître que vous n'avez pas toutes les informations. Documentez-vous bien en avance.

3. Ecrivez d'avance votre motion.

Avant de vous lever, écrivez votre motion et faites une copie qu'il faudra remettre au Modérateur quand vous introduisez votre motion. Soyez sûr que votre motion écrite dit exactement ce que vous voulez dire. C'est selon la copie remise au Modérateur qu'il va répéter notre motion et le Secrétaire l'inscrira dans les minutes.

4. Ayez quelqu'un de sûr pour seconder votre motion et la supporter

N'attendez pas pour vous assurer du support après votre discours. Parlez aux uns et aux autres de la motion que vous allez introduire. Exciter ceux qui vous supportent d'être à l'assemblée est important. N'oubliez pas de ne pas politiser l'Eglise ; mais travaillez de façon à mieux glorifier Dieu dans le gendre de motions et de direction que vous voulez donner à son Eglise. L'assemblée religieuse n'est pas une assemblée politique. N'établissez des alliances et des contrats pour gagner les votes. Elle doit être une opportunité pour le peuple de Dieu de contribuer leurs idées pour bâtir le royaume de Dieu sur terre.

Quand on parle de l'opposition dans l 'Eglise ou dans les assemblées religieuses, de ceux qui ne votent pas avec vous, ce sont les membres d'une assemblée qui ont des opinions différentes que vous. Ils ne sont en aucun cas vos ennemis. Quand les frères et sœurs en Christ diffèrent d'opinions et s'opposent les uns les autres au niveau des idées, ils doivent le faire avec dignité, respect et gentillesse

Que faire durant l'Assemblée

Si vous avez rédiger une bonne motion et préparez un bon discours, introduire la motion est donner de bonnes explications peuvent suffire pour convaincre votre audience qui va vous supporter. Mais faites attention parce parfois les obstacles de procédure peuvent vous empêcher d'arriver à accomplir votre dessein qui est d'avoir votre motion adoptée. Les suggestions suivantes vont vous aider en utilisant les règles en votre avantage :

1. Introduisez votre motion en temps favorable

Introduisez votre motion aussitôt que possible avant que les autres membres soient fatigués ou que d'autres introduisent les leurs ou qu'ils introduisent les motions similaires à la vôtre. Ou introduisez votre motion pour qu'elle soit discuter après le repos.

Il peut arriver qu'il y a d'autres considérations qui s'imposent avant que vous puissiez introduire votre motion. Cherchez le meilleur moment pour le faire et discutez-la. Il faudra vous imaginer quand ce moment arrive et introduisez votre motion pendant ou peu avant ce temps.

2. Exposez les faiblesses des arguments de celui qui vous oppose en posant des questions

Proverbes 18 :17 « Le premier qui parle dans sa cause paraît juste; Vient sa partie adverse, et on l'examine". Vous pourrez soulever le point d'information pour poser une question à celui qui s'oppose à votre motion concernant ces faits, son raisonnement, ou ses sources d'information. De tells questions peuvent apporter assez de lumière en votre faveur.

Ne soyez pas argumentative quand vous posez des questions. Ne faites pas qu'il devienne défensif. Posez votre question de sorte que l'autre serait disposé de pourvoir les informations. Ne soulevez pas *le point d'information* pour que vous soyez aussi celui qui présente un long discours là dessus.

3. Utilisez les enquêtes parlementaires pour vous assurer que vos supporters savent comment voter les questions de procédure qui affecter votre motion.

Les enquêtes parlementaires aident beaucoup. Premièrement, si vous ne maîtrisez pas ce qui se passe autant quand vous le savez mais que vous voulez que ceux qui sont avec vous puissent bien comprendre. Le plus souvent, ceux qui supportent la motion principale ne savent pas comment voter concernant quelques questions de procédure qui affectent grandement la motion. Rassurez-vous que l'assemblée comprend ce que devient la motion après un tel vote. Par exemple, supposons que vous avez la majorité qui supporte votre motion ; mais ceux qui vous opposent veulent référer notre motion à un comité, c'est justement le moment de soulever l'enquête parlementaire.

LE MEMBRE: M. Le Modérateur, je soulevé l'enquête parlementaire.

MODÉRATEUR : Présentez notre enquête.

LE MEMBRE : M. Le Modérateur, Si nous adoptons la motion de référer cette motion à un comité composé des membres de cette assemblée pourront-ils encore voter sur cette motion aujourd'hui ?

LE MODÉRATEUR : No ! Quand la motion est referee au comité, l'assemblée ne pourra plus voter sur cette motion. C'est le comité aura autorité et décidera sur ce sujet. Tout ce que le comité voudrait rapporter à l'assemblée est sur quoi elle pourra décider.

LE MEMBRE : Par conséquent, si les membres veulent adopter ou rejeter cette motion maintenant, ils n'ont plus à attendre ce que va dire le comité. Ils savent déjà ce qu'ils veulent faire de cette motion. N'est-ce pas M. le Modérateur ?

LE MODÉRATEUR : Ce que vous dites est correct.

LE MEMBRE : Merci M. le Modérateur

Quand celui qui a introduit la posé la question qu'une enquête parlementaire, il voulait que ceux qui supportent sa motion savent qu'ils doivent voter contre la motion de référer cette motion principale à un comité.

4. Parlez et votez contre la motion de retarder indéfiniment. votre motion.

N'oubliez pas que retarder indéfiniment une motion s'est la tuer. Si vous êtes sur le point de voir votre idée approuvée et appuyée, une semple erreur de la retarder indéfiniment anéantit votre contribution.

Si vous êtes certain que l'assemblée va tuer votre motion, il serait mieux de la référer à un comité ou de la retarder jusqu'à un certain temps. Si, en réintroduisant votre motion à l'assemblée, même si ceux qui vous opposent vont dire que c'est la motion que nous avions rejetée, faites les comprendre que la motion n'était rejetée mais retardée.

5. Supportez tout amendement qui améliore votre motion et oppose tout amendement qui la rend faible

Quand un autre membre propose un amendement qui rend votre motion bien forte et plus effective compréhensible, palpable, soyez le premier à supporter une telle motion. Soyez aussi le premier de vouloir mettre l'amendement au vote. Mais s'il y a un autre amendement qui va affaiblir votre motion, opposez-la vigoureusement.

En effet, si votre motion est en position de force dans un problème controversé, ce n'est pas une mauvaise chose de préparer des amendements ou des motions subsidiaires pour elle. Si vous voyez que les autres pensent que votre motion est trop radicale, permet à quelqu'un d'autre d'introduire une motion subsidiaire souple mais forte. Après que l'assemblée ait rejeté la vôtre qui est radicale, on va adopter l'autre subsidiaire et quelque chose dans la ligne de votre idée sera faite.

6. Parlez et opposez toute tentative de retarder votre motion

En effet, chaque fois qu'on essaye de retarder une motion qui doit être adoptée, c'est une tactique que l'on utilise pour tuer une motion. Les mesures de poser sur la table, référer à un comité, retarder jusqu'à .... Et autres en dehors de voter et l'adopter sont des mesures qui jouent contre la motion. On doit laisser agir de telles mesures si on celui qui a introduit la motion sent qu'il est en train de perdre l'appui de l'assemblée.

Une motion *est hors d'ordre* quand on s'en sert pour tuer une autre motion sans débats. Si le modérateur ne se rend pas compte que cela se passe, il faudra le lui rappeler. Ceci peut se faire excepté si le membre qui l'a introduit la motion de poser la vôtre à Table justifie l'urgent de l'autre motion en soulevant **le point**

d'ordre.

Si ceux qui forment l'opposition veulent retarder votre motion, introduisez un amendement sur leur motion de retarder la votre pour que la votre soit en une bonne position dans le vote. Introduisez la motion de retarder votre propre motion si vous sentez que peu sont ceux qui vous supportent.

Amendez toutes les motions qui veulent référer la vôtre dans un comité qui vous paraît hostile par une motion subsidiaire contenant un comité amical. Si l'idée est favorable qui est entre les mains d'un comité amical, il y a de forte chance qu'elle soit adoptée par l'assemblée.

7. La Question de précédence à votre avantage

Si vous pressentez que la majorité de l'assemblée supporte votre motion et qu'elle est prête pour le vote, soulevez **la question de précédence**. Votez contre la question de précédence si vous avez besoin du temps pour convaincre les membres de l'assemblée. Essayez de faire voter votre motion aussitôt que la majorité est pour elle.

Faites attention de toujours essayer d'interférer et faire pression sur ceux qui vous opposent en leur coupant la parole. Il serait mieux de laisser à vos opposants d'exprimer leurs idées. Il y a aussi des fois qu'ils ont raison. Même s'ils n'ont pas raison, ils doivent jouir de mêmes droits que vous. Mais dès que vous sentez que vous avez la majorité, soulevez la question de précédence.

8. La motion de repos à votre avantage

Demandez qu'on aille en repos afin que vous puissiez rassembler vos supporters. Votez contre le repos si cela va affaiblir votre momentum et permettre à l'opposition de se regrouper.

Le repos est un autre bel instrument qu'on peut utiliser quand on n'est pas sûr d'avoir l'appui de la majorité. La majorité comme la minorité peuvent voir leur position s'affaiblir ou se consolider juste après le repos.

Il y a aussi la possibilité qu'on peut utiliser le repos pour parler à ceux qui vous opposent pour atteindre un compromis pour pourra vous avantager en introduisant un amendement ou une motion subsidiaire.

9. Une fois adoptée assurez-vous de l'exécution immédiate de votre motion.

Toute motion peut être annulée ou amendée après qu'elle soit adoptée, à moins qu'elle a déjà été exécutée. Une fois que la motion devient la décision de l'assemblée, faites tout qu'elle soit appliquée. Soyez certain que la motion précise l'officier, le comité ou l'agence de l'assemblée responsable de l'application de la motion. Vous connaissez l'histoire d'une église qui avait quelque réparation à faire. Tout le monde était assuré que quelqu'un allait le faire ; c'était quelque chose que tout le monde pouvait faire, mais personne n'était disponible à le faire ; mais chacun blâmait tout les autres pour un travail que tout le monde pouvait faire. Soyez sûr que la motion désigne celui qui devra mettre en application de la motion adoptée.

10. Soyez sûr que les minutes rapporte fidèlement la décision de l'assemblée

Prêtez attention à la fidélité de l'énoncée de votre motion approuvée par l'assemblée. Qu'est-ce que l'assemblée a dit de votre motion ? Les minutes sont le document officiel de l'assemblée. S'il sera question concernant votre motion, ce sont les minutes qui doivent l'attester. Si votre motion n'est pas dans les minutes, rien ne s'est passé.

Quoique l'on peut corriger les erreurs des minutes par **un amendement de quelque chose qui était adopté**, c'est plus facile de corriger une erreur au moment même que les minutes sont approuvées.

11. Si votre motion est perdue, introduisez sa reconsidération ou renouvelez votre motion à la prochaine réunion de l'assemblée.

Une motion peut être reconsidérée de nouveau pendant la même session. Après la même motion peut être réintroduite comme une nouvelle motion dans l'importe quelle subséquente réunion de l'assemblée. Vous ne pourrez jamais introduire la motion à moins que vous êtes l'un des membres qui ont voté en sa faveur. Si vous étiez minoritaire, parmi ceux qui n'ont pas gagné le vote, vous pouvez demander à l'assemblée de changer votre vote du négatif en faveur avant **d'introduire la motion de reconsidération** ; ou, vous pouvez persuader quelqu'un qui a voté contre votre motion d'introduire une motion de reconsidération.

COMMENT FAIRE REJETER UNE MOTION

Personne n'aime celui qui vous dit toujours « non ». Mais pour qu'on puisse faire de bonnes décisions, il faut dire quelques fois « oui » pour approuver les bonnes et d'autres fois « non » pour rejeter les mauvaises motions. Si vous êtes sûr qu'en adoptant une certaine motion, ce sera une mauvaise chose pour l'assemblée, rejetez-la.

Préparez-vous pour voter contre les mauvaises motions. Apprenez bien les règles. Soyez sûr des données pour dire non à une motion. Assurez-vous que les autres respectables membres de l'assemblée votent avec vous.

Quand vous vous retrouvez dans une assemblée, prenez légitiment les actions suivantes pour faire rejeter une motion. La majorité de ce qui suit n'est qu'un ensemble des stratégies :

1. Prononcez-vous contre la motion

Soyez assez courtois et poli en laissant à celui qui introduit une motion que vous n'aimez pas de le faire et de parler premièrement et sans l'interrompre. Mais dès qu'il termine, cherchez de prendre la parole aussitôt que possible et puis, présentez de forts , gracieux et positifs arguments . Assurez-vous que vos remarques sont directs contre les mesures prévues et non sa personne. Si vous croyez que la motion est une mauvaise idée, dites-le pleinement et fortement aussi clairement que vous le pouvez.

2. Votez contre cette motion

Voter contre un motion qui est mauvaise est l'un des droits d'un membre d'une assemblée. Personne ne va vous en vouloir parce que vous avez voté honnêtement selon votre conscience. Vous avez le droit de voter « non » même si vous êtes le seul de le faire.

3. Exposez les faiblesses de l'argument offert par ceux qui supportent la motion.

Si la motion aura de mauvaises conséquences, apportez à la lumière de tout le monde ses néfastes conséquences. Si vous trouvez des faiblesses dans les arguments de vos opposants, soulevez le point d'information pour faire ressortir les faits que ceux qui supportent cette motion ne savent pas ou omettent.

Introduisez la motion de la retarder indéfiniment.

Introduire une motion de retarder indéfiniment double votre opportunité de parler et de voter contre la motion débattue. Un membre qui a déjà épuisé ses opportunités de parler pendant la motion principale peut maintenant parler encore pendant la motion de retarder indéfiniment ; vous avez aussi le temps de tester la force de la motion principale en surveillant le vote de retardement indéfini.

4. Introduisez un amendement

L'objectif d'un amendement est de proposer des changement pour une motion redoutable ; ce qui veut dire qu'on peut le supporter si il y a des changements positifs. Les amendements sont l'un des moyens de regrouper l'opposition pour un support parfois majoritaire de l'amendement qui semble convenable pour les deux parties.

Parfois aussi, la tactique d'amender les motions est

d'encombrer la motion principale avec plusieurs amendements adverses ; ce qui rend impossible le regroupement de la majorité et augmente la possibilité de son rejet. Il y a quand même un risque ; si les amendements sont tous rejetés, on risque d'adopter une mauvaise motion.

5. Introduire une motion de retarder la considération de la motion.

La première raison de retarder la motion est de trouver moyen de l'améliorer si cela est possible. Un comité peut étudier la motion et proposer les amendements ou une motion subsidiaire. Retarder une motion peut donner aux membres le temps de mieux réfléchir sur la question et trouver une alternative. La grande majorité des motions qui sont adoptées à la hâte prouvent d'être erronées quand on se donne le temps de réfléchir après. Si vous êtes qu'il faut assez de temps pour réfléchir sur une question et qu'il serait dangereux de vite s'y prononcer, proposez cela à l'assemblée. Si après avoir réfléchi sur la question, on aimerait s'y prononcer et voter, on pourra toute fois le faire quand la question revient sur la scène pour **considération.**

6. Question de précédence à votre avantage

Si la motion a été largement débattue et l'assemblée voudrait absolument la rejeter, soulever la question de précédence pour passer au vote. Mais par contre, si vous êtes convaincu qu'un vote l'immédiat conduirait l'assemblée de voter pour une mauvaise motion sans que les membres aient le temps de mieux réfléchir, votes contre la question de précédence.

Parce que la question de précédence n'est pas débatable, si vous vous opposez au vote immédiat, vous ne pouvez pas parler contre elle. Cependant, vous pouvez donner une notice que si la question de précédence est rejetée, que vous êtes prêt d'introduire une motion subsidiaire.

Par exemple : : « M. Le Modérateur, puisque je crois que la question discutée nécessité une étude mieux réfléchie de l'assemblée et avant de la passer au vote, je donne une notice stipulant que, dans le cas où cette question de précédence serait rejetée, je vais introduire une motion subsidiaire de référer cette question au comité de Missions ».

Puisque, techniquement, le membre ne débat pas la

question de précédence, mais il introduit seulement la notice qui indique son intention, son intervention est en ordre.

7 . La motion de repos pour votre avantage

La motion de repos peut vous donner l'avantage de rencontrer ceux qui vous opposent ou pour affaiblir leur momentum. Si les choses ne vont pas en votre faveur et que quelqu'un d'autre voudrait retarder votre momentum , votez contre la motion de repos ou contre un amendement de votre motion.

8. La motion d'Ajournement

La façon la plus simple et la plus effective pour tuer un sujet qui est à l'ordre du jour est d'ajourner l'assemblée quand la question est sur le point d'être mise en considération par l'assemblée. S'il se fait déjà trop tard dans la journée ou les membres semblent être fatigués, votre motion d'ajournement des travaux est presque sûre de passer.

9. Soulevez le point de « non quorum » si vous croyez qu'il n'y a pas assez de membres pour voter

Le modérateur ou tout autre membre qui soulève la question de « non quorum » manque son devoir. Si, par exemple, il le fait, il pourrait permettre à ceux qui s'opposent à sa proposition de gagner le vote alors qu'il a raison de retarder le vote de ce sujet. Rappelez-vous qu'il faut le quorum pour l'une assemblée prenne quelque décision qui engage tous les membres de l'organisation. La procédure de la manière par laquelle on soulève la question de non quorum sera traitée au chapitre. 5.

Je me rappelle une fois un membre d'une convention qui se voyait minoritaire quand cette convention voulait changer un article très controversé dans le Règlement Intérieur juste le dernier jour de cette assemblée. Quand la question de non quorum était soulevée, on devait absolument remettre le vote parce que la majorité des délégués était déjà rentré chez elle. Le modérateur n'avait aucun autre choix que d'ajourner la convention pour la fois prochaine. Et si c'est la dernière journée comme tel était le cas, même s'il y avait d'autres sujets dans l'ordre du jour, la convention ou l'assemblée devrait être ajournée.

10. Une motion qui est adoptée, on peut introduire une motion de reconsidération ou d'annulation

Les membres du groupe opposant ainsi que ceux du groupe favorable peut demander à l'assemblée de changer son vote autant qu'on continue les travaux de la même session qui a adopté la question à reconsidérer. Si tel est le cas, ou un membre de l'opposition ou celui favorable peut essayer d'introduire une motion de reconsidération. Si ceci se passe à la dernière session, il peut demander l'annulation du vote.

Si vous croyez qu'une petite majorité a profité de la minorité qui s'opposait au vote ; mais à cause de leur absence, le vote s'est tourné à leur faveur, introduisez une motion de reconsidération et que celle-ci soit reporter dans les minutes de l'assemblée. Si un autre membre vous joint pour vous seconder, rien que vous deux vous pouvez retarder la motion finale à cette affaire jusqu'à la prochaine session pendant laquelle vous pouvez rallier ceux de l'opposition pour voter selon la majorité des membres de l'assemblée.

QUE FAIRE SI VOUS PERDEZ LE VOTE

Comme membre d'une assemblée délibérative, vous avez tous les droits d'utilisez toutes les tactique parlementaires légitimes pour faire adopter les motions que vous supportez ou faire échouer les motions que vous ne supportez pas. Mais s'il n'y a rien d'autre à faire selon les règles parlementaires, acceptez toutes les décisions adoptées légalement par l'assemblée. Dans ce cas, il faudra vous soumettre à la volonté de la majorité.

Aucun membre de l'assemblée n'a le droit de se prononcer en faveur ou contre une question qui viendra devant l'assemblée à moins qu'il introduit, défend ou est contre, donne un avis pour une motion, la reconsidère ou l'annule, l'amende ou autre en relation à une motion qui est déjà devant l'assemblée. Si la majorité de l'assemblée a déjà clairement exprimer sa volonté concernant la question, il est aussi temps que vous aussi vous pliiez à la volonté de la majorité. Si l'assemblée dont vous êtes membre prend une décision qui est contre et viole votre conscience et que vous trouvez qu'il est impossible de continuer de vous associer au reste, démissionnez. Ne continuez pas les murmures et les attaques sourdines. Ne semez pas les divisions, les querelles. Ceci ne va avantager ni vous-même ou l'Eglise du Christ. Mais épuisez d'abord toutes les règles pour vous opposer aux propositions qui doivent être défaites pour la gloire de Dieu. Faites tout ce que les règles supportent et enseignement pour promettre tout ce qui va glorifier Dieu. Mais tout est fini, soumettez-vous à la volonté de la majorité.

LE DECORUM DANS LES DÉBATS

Les coutumes et formalités parlementaires dans les débats existent particulièrement pour permettre aux membres de maintenir leur décorum pendant qu'ils discutent les questions. On a le droit d'attaquer une idée ou une motion introduite dans une réunion, mais on n'a aucun droit d'attaquer la personne ou l'individu qui a émis une idée ou introduit une motion. L'idée ou la motion introduite et non la personne devrait être l'objet des débats. C'est l'une des raisons que tous ceux qui prennent la parole doivent s'adresser au Modérateur pendant les débats, et pas aux autres membres.

La Bible et les règles parlementaires interdisent les abus de parles, attaques personnelles ou des paroles incendiaires pendant les réunions. Selon les règles, aucun interlocuteur membre d'une assemble devrait faire usage d'un langage qui reflète le caractère ou la conduite de l'autre non courtois et pour rien dure et rude attaque ou se demande sur les motifs de l'autre implique que les rumeurs sont vrais, fait des insinuations, ou fait des allégations contre l'autre pour détruire sa réputation.

Aussitôt que le modérateur entend des propos de ce genre à travers les propos avancés par l'interlocuteur, il doit immédiatement lui donner un avertissement en frappant quelques légers coups du marteau sur la table. Mais si de tels propos continuent, il doit lui retirer la parole et le faire et donner des conseils non seulement que ce comportement s'arrête mais qu'il ne continue pas.

LE MDÉRATEUR: L'interlocuteur est hors d'ordre ; assoyez-vous !

Si le membre demande des excuses ou retire les propos avancés, le modérateur peut poser cette question à toute l'assemblée.

Le Modérateur : Devrais-je laissez l'interlocuteur continuer de prendre la parole devant vous ? Que ceux qui sont en faveur disent « Oui ! » ; que ceux qui sont contre disent « Non ! »

Les règles n'interdisent pas d'infliger quelques mesures contre un membre qui a violé les règles de décorum. Toute accusation portée contre un membre devait se faire par un processus disciplinaire. De telles mesures peuvent être prises pendant les sessions exécutives. Mais il faut faire attention de détruire la réputation de l'autre membre.

CHAPITRE 5

DES RÉUNION

INTRODUCTION: Une assemblée délibérante ne peut agir que dans une réunion dûment convoquée par ses membres. Aucun dirigeant, membre ou groupe de membres ne peuvent agir au nom de l'ensemble sans une réunion officielle pour discuter et adopter une motion ou une règle autorisant une telle action. Les pouvoirs décisionnelles du groupe doivent être exercés collectivement. Les réunions sont les rassemblements officiels des membres d'un organe délibérant de répondre aux questions et prendre des décisions affectant toute l'organisation. Si une assemblée tient une série de réunions pour procéder à un ordre unique du jour couvrant plusieurs jours, par exemple une convention, chaque assemblée séparée des membres convoque une réunion des membres et la série de réunions est appelée une session.

TYPES DE RÉUNIONS

Des réunions régulières sont des sessions d'affaires périodiques déclarées par une organisation permanente. Votre église ou les statuts de toute organisation devraient indiquer quand les réunions de leur corps seront organisées régulièrement. L'ensemble des membres peut également convoquer des réunions spéciales pour traiter **une affaire urgente** qui ne peut attendre la réunion régulière. Des réunions spéciales sont appelées en donnant à chaque membre de l'assemblée un avis , le lieu, la date, l'heure, et le but de la réunion. On donne le nom de "RÉUNION SPÉCIALE" à l'avis qui convoque les membres d'une réunion qui n'est par régulière pour traiter une affaire urgente. Les statuts de chaque corps devraient stipuler sur les modalité de la convocation d'une telle réunion . Seuls les sujets mentionnées dans l'avis de l'appel peuvent être discutés et résolus dans une réunion spéciale. Rien d'autre ne peut être envisagé. **Une assemblée ajournée** est une continuation d'une autre réunion. Toute réunion peut être ajournée à un autre moment en adoptant une motion de fixer la date à laquelle on ajourne. Une assemblée ajournée continue l'ordre du jour de la réunion précédente, partant du point elle a été interrompue. Toute entreprise qui aurait été en vue lors de la réunion précédente peut être considérée et traitée à la réunion qui reprend les travaux. De même, toute question qui n'était pas dans l'ordre du jours lors de la réunion précédente ne peut être soumise à l'assemblée qui reprend les travaux. Les statuts de l'assemblée doivent également prévoir une réunion annuelle. La plupart des assemblées élisent les dirigeants lors de leurs réunions annuelles. C'est pendant ces réunions que les membres entendent les rapports annuels des dirigeants, des comités et procèdent au traitement des affaires ordinaires qui surviennent pendant l'année ecclésiastique.

1. Session Exécutive

Le terme "session Exécutive" se réfère à une réunion ou à une partie d'une réunion qui se tient en secret. Les types d'affaires qui sont habituellement menées en session exécutive sont par exemple, les procédures disciplinaires, les discussions regardant la participation de l'ensemble des actions en justice; sujets du personnel; l'examen des soumissions pour des biens et d'autres questions délicates dont les discussion ouverte pourraient désavantager l'assemblée ou nuire à sa réputation ou celle de ses membres. Seuls les membres d'une assemblée et personnes invitées par l'Assemblée peuvent être présents lors d'une séance à huis clos. Les minutes d'une séance à huis clos peuvent être lues et approuvées seulement en **session execexé-**.

2. Les Réunions

Les ingrédients essentiels d'une réunion

Pour mener à une réunion juridique d'une organisation, vous devez avoir quatre choses: 1. La notice précédente de la réunion. 2. Les officiers minimaux: un président et un secrétaire. 3. Le quorum des membres. 4. Un ordre du jour.

AVIS PRÉCÉDENT Chaque membre d'une organisation a le droit d'assister et de participer à des réunions de l'organisation. Si on n'assiste pas à une réunion, one ne peut pas savoir qui se passe ; la première exigence pour tenir une réunion juridique est de faire prévenir à tous les membres qu'il y aura une réunion. **La notice précédente** pour des réunions régulières indique la journée, l'heure et le lieu des réunions selon les statuts ou les statuts de l'assemblée. Puisque les membres sont présumés avoir lu leurs propres statuts, toutes les dispositions pour les réunions dans ces statuts constituent un préavis pour ces réunions. **La notice précédente** pour des réunions spéciales est délivrée par la convocation de la Réunion. Les statuts devraient dire qui peut convoquer une réunion spécial, comment et quand la convocation d'une réunion spéciale devrait être accordée. Par exemple, en vertu de l'article de des statuts sur les réunions, il pourrait y avoir une section qui dit: " **Section réunions spéciales** ". Les réunions spéciales seront convoquées par le président du Conseil des anciens sur demande écrite de dix membres de la congrégation. La date, l'heure, le lieu, et le but de la réunion doivent être mentionnés dans la convocation. Deux semaines de préavis au moins de la réunion doivent être donné par le texte de la convocation. Elle devrait apparaître au bulletin du service d'adoration ou annoncer au culte de dimanche matin Le contenu de la convocation d'une réunion spéciale devrait ressembler à ce texte ci: Une réunion extraordinaire de l'assemblée aura lieu le jeudi 7 mai 1986 à 19h00 dans la sale des réunions de la session. L'objet de la réunion sera sur le choix de l'entrepreneur qui va construire l'addition de la session. Signé le Président de l'assemblée paroissiale, M. Barton Pierre.

Notice précédente d'une assemblée ajournée est couvert par adoption d'une motion de fixer la date à laquelle ajourner à la réunion initiale. Officiers minimales Chaque organe parlementaire doit avoir un président ou un modérateur pour renforcer les règles et un secrétaire pour enregistrer la procédure. Il y a des groupes qui ajoutent d'autres officiers dont il a besoin ; mais aucun ensemble ne peut fonctionner sans ces deux postes. Même une réunion de masse, qui n'a pas d'officiers permanents, doit élire un président et un secrétaire temporaire (**qui portent les titre de président et de secrétaire pro sternes**) avant qu'ils puissent conduire les affaires,

LE PRÉSIDENT ou LE MODÉRATEUR.

Il doit être choisi principalement pour ses compétences de présider. Même si il a un **parlementaire** en mesure de le conseiller, il doit lui-même avoir une solide connaissance des règles d'ordre et être en mesure de les appliquer avec autorité et grâce. Le président de séance doit également être en mesure d'aider les membres à comprendre la procédure et à l'utiliser correctement. Un président qui est à court des compétences administratives peut faire appel à d'autres pour l'aider diriger l'assemblée.

Mais un président qui ne peut présider peut facilement courir le risque de causer beaucoup de désordre quand il assume la présidence. Si vous êtes le président d'une assemblée délibérante, vos tâches principales sont: 1. Appelez la séance à l'heure, et déterminer que le quorum

est atteint. 2. Annoncer la question qui est à l'ordre du jour à toute

selon son ordre dans l'Agenda. 3. Reconnaître LES membres ayant droit de parole. 4. Citer la motion et mettre aux voix toutes les questions qui sont dûment soumises à l'assemblée. 5. Répondre aux questions relatives aux enquêtes parlementaires sur les questions devant l'assemblée ou assister les membres concernant la correcte procédure. 6. Assurer la clarification des décisions prises aux questions qui sont dans l'ordre du jour. 7. Déclarer la séance levée (quand cela était voté d'avance et qu'il est temps comme établi, ou en cas d'urgence). 8. Etre exemplaire à l'ensemble, en toute équité, courtoisie et l'obéissance aux règles.

Voila les fonctions du Président. Maintenant, qu'est-ce le président devrait savoir afin d'être capable de mener à bien ces tâches?

1. Il doit connaître les règles.

. Il doit développer une vaste connaissance de la procédure parlementaire. Apprendre le tableau des motions qui son dans ce livre. Se familiariser avec les règles de procédure Robert ou quel que soit le manuel parlementaire utilisé. Mais comme celui-ci est le tout premier, il doit très bien maîtriser ce livre. Il doit connaître les règles spéciales et règlements adoptées par son assemblée. S'il ne sait pas comment gérer un élément particulier de l'organisation, qu'il demande à celui qui sait. Il doit connaître les règles. S'il y a un bon parlementaire, il doit prendre l'habitude de conférer avec lui avant la réunion. Qu'il demande son aide après avoir identifier les potentiels points chauds à l'ordre du jour et comment il prévoit les manipuler. Son efficacité en tant que président dépend en grande partie de la façon dont il connaît le règlement intérieur, des règles, et l'autorité de parlementaire de son assemblée.

2. Il doit toujours savoir exactement ce qui se passé dans la réunion

Les membres peuvent permettre de ne pas savoir tout ce qui se passe pendant les assises d'une réunion ; tel ne doit pas être le cas du président. Un bon officier qui présidé sait toujours exactement ce qui se passe. La grande major partie de son travail est de suivre avec attention les motions introduites jusqu'à leur adoption. Il doit savoir quelles motions ont été adoptée, lesquelles encore en instance et à quel stade du processus parlementaire chaque motion est. Est-ce que le membre qui fait la motion ou la débat celle qui est en cours? Est-il censé maintenant d'énoncer la question ou de poser la question? Quel membre a fait une enquête parlementaire, et comment y répondre, et pour un point d'ordre; sur lequel il doit se prononcer? S'il ne sait pas ce qu'un membre est en train de faire, il doit lui demander. Si jamais il a perdu le fil de la procédure, qu'il demande tranquillement à son secrétaire parlementaire ou à son aide. Mais il doit toujours savoir ce qui se passe et ce qui devrait ensuite suivre à la réunion.

3. Il doit utiliser les termes du langage parlementaire

Comprendre ce qui se passe à la réunion ne suffit pas. Il doit faire en sorte que les membres comprennent ce qui se passe. Un bon président accomplit cela en utilisant les termes parlementaires correctes pour chaque action, spécialement lors de la manipulation des motions. Le président doit faire attention à ce qu'il dit selon chacun des exemples qui sont dans le livre. Ne pas se contenter de copier ce qu'il a entendu d'autres présidents dire. Que un président dit, "Que tous ceux qui en faveur disent 'oui'. Que tous ceux opposent, disent :Non » ; il doit connaître ce qu'il fait et ce que cela signifie.

Ne jamais parler de soi-même à la première personne. Ne jamais dire «je», «moi», «mon» ou «la mienne." Il est "la chaise." Comme président lors d'une réunion, ou même lors de l'examen des mesures qu'il a à prendre en présidant, ne jamais se référer à soi par tout autre terme que "la chaise." Sauf dans les assemblées plus petits et informels, éviter d'appeler un délégué par son nom et de ne jamais lui adresser la parole comme «vous». Tout le monde dans une assemblée parlementaire est adressée et renvoyé à la troisième personne (il). Les Officiers et les présidents des commissions par leur titres- "le secrétaire d'inscription», «le président de la commission", "le directeur exécutif." L'interlocuteur, quand il prend le "le haut-parleur», «Monsieur », «Madame», «mon frère qui vient de parler», «ma sœur qui a proposé la motion." La règle est: éviter les noms personne autant que possible. Par exemple: **FAUX**: "Je pense que votre motion viole les statuts, donc je vais l'exclure de l'ordre." **JUSTE:** "La requête de nom frère viole le Règlement Trois; par conséquent, le président décide qu'il est hors d'ordre." Cela vous semble impersonnel

L'utilisation exacte du langage parlementaire pour chaque action fait qu'elle soit claire pour tous les membres et donne à la procédure un air de formalité et de courtoisie qui va décourager les défis de l'autorité et les traitements rugueux du président et d'autres membres

4. Il doit assister les membres à utiliser correctement la procédure

Un bon président adhère lui-même non seulement aux règles et coutumes parlementaires qui sont correctes, mais aussi aide les membres en suggérant la langue ou la procédure correcte quand ils ont besoin de l'assistance. **Par exemple**, supposons que, pendant le débat, un membre voudrait introduire une motion principale en ces termes. **LE MEMBRE** dit: " M. le Modérateur, pouvons-nous aller de l'avant et voter sur cette motion dès maintenant ? « Le modérateur l'aidera dans l'élaboration de sa motion ne telle exchange pourrait procéder.: **LE PRÉSIDENT**: "Le membre souhaite placer la question précédence? **LE MEMBRE**: "Je ne sais pas, je veux juste aller de l'avant et de voter sur cette motion du comité des missions." **PRÉSIDENCE:** "la motion du membre est d'introduire la question précédence Y a-t-il quelqu'un pour seconder ?" Ou, un membre pouvait dire: **LE MEMBRE**: "Monsieur le président, je pense que le comité des finances devrait jeter un oeil sur ce sujet." **LE PRÉSIDENT:** "Est-ce que l'organe mobile de renvoyer la motion au comité des finances?" **LE MEMBRE :** "Je le crois." **LE PRÉSIDENT** : "Y a-t-il quelqu'un qui seconde à la motion de renvoi?... *(Second)* ... Il a été proposé et appuyé que la question en suspens soit renvoyée à la commission des finances."

Ou,

LE MEMBRE : M. Le président, « Nous devons barrer cette dernière phrase de la motion; cette partie n'est pas juste" **LE PRFESIDENT** : "Est-ce que le membre introduit la motion de supprimer cette dernière phrase?" **LE MEMBRE** : "Oui." **LE PRESIDENT** : "Y a-t-il quelqu'un pour seconder cet amendement?,.. *(Second)* ...La motion d'amendement a été déplacée et secondée de supprimer la dernière partie de la motion."

5. Dites le clairement soyez décisif

Quand un membre de l'assemblée soulève *un point d'ordre,* il faut le faire clairement, décisif aller droit sur le point. Le Président devra dire immédiatement: **«Le point d'ordre est bien pris"**. En cas contraire et si nécessaire, pour corriger le problème, le président dira *"Le point d'ordre n'est pas bien pris»,* et puis il doit expliquer brièvement pourquoi. Personne, que ce soit le président ou le membre, faites attention de tout ce qui sort de votre bouche du commencement à la fin des travaux de l'assemblée.

QUELQUES CONSEILS AUX PRÉSIDENTS :

-Les bons présidents commettent parfois des erreurs. Quand un membre attire l'attention sur une erreur par un point de l'ordre; le président ne doit en aucune façon avoir honte en se prononçant sur le point d'ordre qui est bien pris. Son action de vite corriger l'erreur va améliorer sa stature parmi les membres. Si le membre se trompe en soulevant le point d'ordre, la juste décision du président contre le point devra être poliment, mais fermement expliquée sans pour autant faire que l'autre se sente attaqué. Si le membre croit fermement qu'il a raison, et souhaite faire appel à la décision du président. Etre rapide dans la façon de travailler et de vite adopter les décisions ne signifie pas faire tout avec précipitation. Si on a besoin de consulter son parlementaire ou se référer à une règle, faites-le. Le président ne doit pas se laisser pousser par l'assemblée. Il ne devrait pas permettre les membres soulever un deuxième point d'ordre avant que le premier soit résolu. Qu'il se rappelle que les points de l'ordre sont accessoires aux travaux de l'assemblée. Le temps consacré à leur manipulation est le temps passé dans le traitement des questions de fond pour lesquelles les membres se sont rencontrés. Soyez rapide à donner, des décisions claires et décisives.

1. Le Président doit être juste

Soyez juste. Un président qui dirige les travaux d'une assemblée doit montrer aucune preuve de favoritisme, d'intérêt, ou d'indulgence de ses propres goûts et dégoûts pendant qu'il occupe cette chair. Il doit maintenir une stricte impartialité dans la conduite des affaires de l'Assemblée. Excepté dans de petits conseils et comités, il n'a pas le droit de participer au débat, et même alors, il doit prendre soin d'être juste pour avoir une audience complète de points de vue des divergents. Cela ne signifie pas qu'il ne peut pas avoir un point de vue ou qu'il n'y a pas de circonstances dans lesquelles il peut faire connaître ses points de vue. L'un des actes pendant lesquels le président peut faire connaître ouvertement sa position dans les décision c'est pendant le vote d'égalité des voix. On parle de *la prérogative du président*. Tout en exerçant ce doit, il doit tenir les deux amis et ennemis à un strict respect des règles.

2. Il doit être ferme, mais aimable

Le président doit maintenir l'ordre. Les membres ont besoin de voir que quelqu'un est en charge des choses, que le chef qu'ils ont choisi pour présider leurs affaires va insister pour que tous les membres respectent les règles. En même temps, ils ne veulent pas un dictateur. Le président ne doit jamais oublier qu'il exerce les pouvoirs du président en tant que serviteur de l'Assemblée. Il doit respecter les règles, mais le faire avec courtoisie et tact.

3. Il doit être équipé en documentation

Avant d'aller prendre sa place comme président, il doit prendre les choses suivantes avec lui. Il doit les garder à portée de main pendant que vous préside: 1. Un maillet (Marteau) 2. Une copie des statuts et des autres règles de l'assemblée 3. Une copie de ce livre parlementaire sur les règles parlementaires

1. Le tableau sur les règles et priorité des motions qui se trouve aux premières pages de ce livre

2. L'ordre du jour 6. Une liste de membres et les noms de présidents de tous les comités permanents et spéciaux,

3. S'il s'agit d'une réunion spéciale, une copie de la convocation de la réunion

4 .Tous les autres documents se rapportant à l'organisation prévu pour cette session

5.. Un bloc-notes pour noter l'évolution des motions tels qu'elles se sont présentées

6. Il faut avoir un chronomètre ou un minuteur.

Quand un président préside réunion, grande, petite mais particulièrement différente en importance, telle que une convention ou une assemblée délibérative de toute sorte, l'officier présidant, doit avoir un script complet pour la réunion. Le script est une version élargie de l'ordre du jour qui montre chaque élément des travaux qu'il pense à couvrir pendant la réunion, avec les mots exacts que le président est censé utiliser dans le traitement de ce point des travaux. S'il y a des règles ou règlements propres à ce poste ou catégorie du problème, il doit inclure une brève note sur la règle qui s'applique à ce cas. Il doit garder ce programme scénarisé dans un cahier aux feuilles déplaçables. Son sac à main contiendra également une copie des statuts de l'Assemblée, avec ses notes sur les marges des règlements de l'Assemblée, et tous les autres documents qu'il pourrait avoir besoin à consulter lors de la réunion.

Il est vrai qu'avoir un avoir script d'une réunion comme nous venons de le décrire est le résultat de beaucoup de travail ; mais ça paie. Avec un script bien écrit, on n hésite pas ou on ne tâtonne pas pour utilisez les bons mots quand le moment se présente. Il doit utiliser correctement le langage parlementaire, compter sur les imprévus, les rebondissements, les retards et autre pendant réunion ; tout cela sera pour tester ses compétences législatives et son esprit. Mais avoir un script pour le guider à travers les questions routinières va libérer son esprit et sa pensée. Il faut anticiper les inattendus, les tentations, les potentiels points chauds dans l'ordre du jour, et écrire quelque chose qu'on aura à dire le cas échéant. Autre que d'avoir une bonne connaissance pratique de la procédure parlementaire, il devra travailler comment écrire les notes en utilisant un script pour devenir un président efficace, précis, et confiant.

DU SECRÉTAIRE :

L'autre important officier d'une assemblée délibérante est le secrétaire. Une assemblée peut ou ne peut pas avoir un secrétaire pour gérer les questions administratives ; mais elle ne peut pas fonctionner sans un secrétaire. On peut le nommer juste pour la séance.

La tâche la plus importante du secrétaire est de tenir un registre, appelé minutes. Il y rapporte tout ce qui est fait à chaque réunion. Une fois approuvées par l'assemblée, ces minutes deviennent le casier judiciaire officiel des travaux de l'Assemblée. Le paragraphe d'ouverture du procès-verbal devrait enregistrer:

1. Le nom du groupe qui tient la réunion

2. La date, l'heure et le lieu de la réunion

3. Le genre de réunion (ordinaire, extraordinaire, ajournée, annuelle, étc...)

4. Le nom de l'officier qui préside

5. La lecture et l'approbation du procès-verbal de la réunion précédente.

6. Pour une réunion spéciale, une copie de la convocation de la réunion. Le corps du procès-verbal doit contenir un paragraphe distinct pour chaque

élément des travaux qui vient et est traité devant la réunion.

Il devrait y avoir une entrée pour:

I-Chaque motion principale ou une motion réparatrice, et les parties suivantes pourraient y être incluses:

A. Le libellé exact de la motion ou résolution

B. Le nom de l'auteur de la motion

C. Comment la motion a été éliminée

D. Si la motion a été temporairement éliminée (révisée, référée au comité, reportée, posée sur le table, etc.), les amendements et adhérant au motion qui a été secondée devraient être nommés.

E. Si le vote est compté, a été pris, le nombre de votants de chaque côté devrait être porté.

II - Chaque rapport du comité devra inclure:

A. Le nom du comité rapporté

B. Le nom du membre du comité qui est le rapporteur

C. Un bref résumé du rapport

D. Quelles mesures l'Assemblée a prises sur le rapport

III. Les avis des actes reportés au future

IV. Il devra reporter tous les points d'ordre, les appels, ainsi que les raisons présentées par le président pour justifier ses décisions.

Le dernier paragraphe des minutes du secrétaire devrait indiquer l'heure à laquelle la réunion était définitivement ajournée. Le secrétaire doit signer le procès-verbal.

Le jour où les minutes sont approuvées par l'Assemblée, le secrétaire doit écrire la date de leur approbation et mettre ses initiales au bas de chaque page. La procédure d'approbation des minutes est dans la section sur la lecture et approbation du procès-verbal dans ce chapitre. Il est vrai que les secrétaires peuvent se tromper en rapportant trop ou peu de ce qui se passe pendant l'assemblée, ou enregistrer des mauvaises choses. Rappelons-nous que les minutes sont censées être un rapport exact de ce que l'assemblée a fait, pas un rapport de ce que disent les membres. Les erreurs les plus courantes dans les minutes sont les suivantes:

1. Le défaut d'enregistrer le nom de l'organisation qui tient la réunion
2. Le défaut d'enregistrer l'année, le jour et le mois de la réunion
3. Le défaut d'enregistrer qui a appelé la réunion à l'ordre (le président) au début de la réunion
4. Le défaut d'enregistrer des points d'ordre et les appels, et les raisons de justification du président pour chacun
5. Le défaut d'enregistrer les motions adoptées par consentement unanime
6. Ne pas enregistrer les votes comptés
7. Ne pas enregistrer les avis de précédence donnés lors de la réunion
8. Ne pas enregistrer la cause et le temps de lever la séance (ajournement)
9. Erreur d'inclure le nom de celui qui a secondé la motion
10. Erreur d'inclure les comptes détaillés des motions subsidiaires qui n'ont pas affecté la décision finale de la motion principale.
11. Erreur d'inclure les remarques faites pendant les débats
12. Erreur d'inclure une description excessive du

programme ou d'autres aspects qui ne concernent pas les travaux mêmes de la réunion.

Le secrétaire devrait soigneusement garder une copie de tous les rapports présentés et soumis par des officiers et des comités, la liste de tous les membres, ainsi que tout autre important document, statuts et Règlement Intérieur que la assemblée pourrait avoir besoin.

Avant chaque réunion, le secrétaire doit assister le président dans la préparation de l'ordre du jour en l'informant de toutes les affaires reportées ou prévues pour cette réunion et tout travail inachevé qui doit être considéré.

LE QUORUM DES MEMBRES

Le quorum est le nombre minimum ou le pourcentage de membres qui doivent être présents afin de procéder à une réunion. **Voici la règle** : Quand il n'y a pas de quorum, aucune réunion ne peut avoir lieu. Le but d'avoir le quorum est d'empêcher un petit nombre qui ne représente pas le groupe en membres puisse prendre des mesures qui lient l'ensemble de l'organisation. Les statuts de chaque organisation devraient dire ce nombre ou le pourcentage des membres qui constitue le quorum pour son assemblée. Pour la plupart des groupes, avec le changement des listes de membres, un certain nombre de membres présents est plus pratique que d'un pourcentage, ce qui est source de confusion, car il faut recalculer le quorum pour chaque changement dans les listes. La meilleur manière de régler la question de quorum est de considérer comme le vôtre un nombre un peu au dessous du nombre de membres qui habituellement atteignent les réunions. Si on choisit ce nombre beaucoup plus faible, on court le risque de mettre les pouvoirs de décision de l'assemblée entre les mains d'une minorité non représentative. Par contre, si on choisit ce nombre beaucoup plus grand, on risque être incapable de tenir une réunion parce qu'on ne peut pas obtenir le quorum. Habituellement, les statuts ne précisent pas le quorum ; celui-ci est automatiquement fixé à la majorité pour l'ensemble des membres. Le président est chargé de déterminer qu'un quorum est atteint avant qu'il convoque la réunion à l'ordre. Un quorum est présumé être atteint à moins que le président ou un des membres soulève le point d'ordre. Mais si personne ne dit rien, on continue les travaux. Si le président constate l'absence de quorum, il est de son devoir de déclarer le fait. Tout membre qui constate l'absence d'un quorum peut soulever un point d'ordre à cet effet.

Par exemple:

LE MEMBRE: "Monsieur le Président, je prends la parole à un point de l'ordre."

LE PRÉSIDENT: "État de votre point de l'ordre."

LE MEMBRE: "Monsieur le Président, je suggère qu'il y a absence d'un quorum.»

LE PRÉSIDENT: "Que les membres se lèvent et restent débout jusqu'à être compté." Le président doit alors compter les membres dans la salle afin d'établir si le quorum est atteint. Il peut nommer *les scrutateurs* pour l'aider à prendre le compte. Si le quorum est atteint, le président dirige le point d'ordre **« pas bien pris»** et procède avec les points à l'ordre du jour. En l'absence du quorum, l'assemblée peut faire l'une de ces trois choses:

(1) ajourner;

(2) prendre des dispositions pour une assemblée ajournée en adoptant une motion de fixer le temps pour l'ajournement; ou

(3) prendre un repos pour aller chasser d'autres membres pour faire le quorum.

Il y a une quatrième variante, plutôt aléatoire. S'il y a une affaire urgente qui doit être exécutée sans délai, les membres présents peuvent prendre des mesures d'urgence espérant qu'une réunion ultérieure de l'assemblée, avec un quorum, va ratifier son action. Cette réunion de plus tard n'a aucune obligation de ratifier les mesures d'urgence, et les membres de la réunion qui n'avait pas de quorum assument tous les risques pour tout ce qu'ils font.

L'ORDRE DU JOUR

Le dernier ingrédient essentiel d'une réunion est l'ordre du jour. Un ordre du jour indique généralement l'ordre ou le classement selon lequel des sujets seront traités ; Un ordre du jour aussi appelé Agenda ne donne que la liste des sujets à traiter. Une assemblée peut spécifier son ordre du jour dans ses statuts. Si elle ne le fait pas, l'ordre du jour standard d'une organisation est le suivant :

1. Rappel à l'ordre; on commence par les cérémonies

2. La lecture et approbation du procès-verbal

3. Rapports des officiers, des conseils, et des comités permanents.

4. Rapports des comités spéciaux

5. Rapports des ordres spéciaux

6. Affaires courantes et affaires d'ordre général

7. Nouvelles affaires

8. Levée de la séance (ajournement)

1. RAPPEL À L'ORDRE.

Lorsque l'heure prévue pour la réunion arrive, le président étant sur le podium, se saisit de son marteau et dit: **LE PRÉSIDENT**: "La réunion est maintenant à l'ordre." Le rappel à l'ordre est généralement suivie par une invocation et d'autres cérémonies habituelles d'ouverture, comme le culte d'ouverture, ou la prière

2. LECTURE ET APPROBATION DES MINUTES :

Avant la lecture et l'adoption du procès-verbal par l'assemblée, les minutes de l'assemblée sont tout simplement les notes du secrétaire. Une fois approuvés, les minutes ou procès verbaux deviennent le compte rendu officiel de la précédente assemblée.

À chaque réunion ordinaire, le secrétaire lit les minutes de la réunion ordinaire précédente et des réunions spéciales ou ajournées tenues pendant la même période. De temps en temps, l'assemblée peut se dispenser à la lecture du procès-verbal. Si une motion est adoptée, elle se reporte simplement la lecture et à l'approbation du procès-verbal à une date ultérieure. Elle n'est pas dispensée de la nécessité de l'approbation de ces minutes.

LA PROCÉDURE POUR LA LECTURE ET L'APPROBATION DES MINUTES :

LE PRÉSIDENT: "Le secrétaire lira les minutes.... (. Y a-t-il des corrections sur les minutes? . . . (Pause) . . . Si il n'y a pas de corrections (pas d'autres corrections), les minutes sont approuvées comme lues (tel que corrigées) ".

Les corrections et l'approbation du procès-verbal sont généralement traitées par consentement général. Si le secrétaire distribue des exemplaires imprimés des procès-verbaux aux membres, on peut omettre la lecture des minutes à haute voix et les approuver comme suite :

: **LE PRÉSIDENT** ". « Vous avez chacun une copie imprimée des minutes . Y a-t-il des corrections ... Si non, alors les minutes sont approuvées comme imprimées." Le secrétaire doit écrire la date à laquelle le procès-verbal a été approuvé au bas de la page **et son paraphe**. La plupart des membres accordent peu d'attention à l'approbation des minutes, au moins jusqu'au jour qu'ils auraient besoin de cruciale information sur une action précédente de l'Assemblée et sont déjoués par un ensemble inexacte ou incomplète des minutes. Portez une attention particulière sur la façon dont l'action les minutes reportent les faits sur les questions dont vous avez un intérêt.

2. Rapports des officies, Agents, Conseils, et Comités Permanents.

Le président doit savoir à l'avance quels officiers et quels comités ont des rapports à présenter. Il fait appel aux rapports en disant: **LE PRÉSIDENT**: «Pouvons-nous écouter le rapport du trésorier?"

Ou,

"Le président reconnaît Mme Laura Moody,

présidente de l'Auxiliaire féminin, pour son rapport." Le rapport du trésorier suit la lecture et l'approbation du procès-verbal, puis ceux de tous les autres officiers qui ont des rapports. Les conseils et les rapports des comités permanents se suivent dans l'ordre selon lequel ils sont répertoriés dans les statuts.

LES RÉUNIONS

Toutes les recommandations d'un officier, d'un conseil, ou d'un comité devraient être présentées sous la forme de motion. Quand un agent fait une recommandation, il est normal qu'un autre membre introduise une motion pour la discuter et y voter dès la fin de la lecture du rapport. Lorsqu'un comité fait une recommandation, son président doit immédiatement faire la motion de son adoption. L'assemblée considère alors cette question avant de procéder avec le reste du rapport ou traiter d'autres recommandations de ce rapport.

Par exemple:

LE PRÉSIDENT DU COMITÉ "Monsieur le Président, le comité de construction recommande«

qu'un contrat soit signé entre Randy Howard et la paroisse de Metet pour la construction du parking de l'église au coût de 950.000 frs. Au nom du comité, je fais la motion de l' adopter ". **LE PRÉSIDENT : "La question est pour l'adoption de la recommandation du comite de construction.** Ya-t-il de débats?" Sinon, que ceux en faveur disent « Oui », et ceux qui s'opposent disent « Non » ; adoptée.

Les recommandations du comité sont traitées comme motions principales. Elles sont discutables, amendables, et peuvent avoir des motions subsidiaires applicables .

Les rapports des comités spéciaux. Les comités spéciaux qui sont préparés ou ont été chargés de s'occuper de quelques questions particulières sont appelés dans l'ordre dans lequel ils ont été nommés. Leurs rapports sont traités de la même manière que ceux des comités permanents.

4. Les ordres spéciaux.

Souvenez –vous que dans la section sur les motions, il était question de motion de reporter un cas à une certaine date ou temps et qu'il y avait trois ordres spéciaux :

1. L'ordre spécial qui n'a pas un temps spécifique pour la reconsidération. C'était pour tuer la motion.

2. L'ordre spécial qui avait un temps spécifique établi.

3. L'ordre spécial pour une réunion future pour continuer les travaux de la réunion précédente.

(a) -Un ordre spécial qui prévoit un moment donné est pour reprendre les travaux à ce juste moment.

(b)- Un ordre spécial qui se rapporte à une réunion est de reprendre les travaux dès que les minutes approuvées arrivent. Ces deux types d'ordres spéciaux sont traités dans la section sur les exceptions à l'ordre normal des affaires dans ce chapitre.

Puisqu'un ordre spécial est habituellement une motion présentée lors d'une réunion précédente qui reporte la réunion en cours, on n'a plus besoin d'introduire une nouvelle motion. Lorsque le temps de considérer l'ordre spécial arrive, le président déclare la motion à la assemblée pour examen.

Par exemple:

LE PRÉSIDENT: "Lors de la dernière réunion, la proposition d'inviter le Dr. Ebane Ango à tenir une réunion d'évangélisation était l'ordre spécial pour cette réunion. La motion se lit comme suit: Que l'église invite le Dr. Ebane Ango à tenir une réunion d'évangélisation au mois d'Octobre du 5 au 11, 2016, et qu'une offrande volontaire pour ses frais soit perçue à chaque nuit de la réunion. La question est pour l'adoption de la motion. Ya-t-il de débats? "

5. LES AFFAIRES INACHEVÉEES ET AUTRES

Une question ou une motion inachevée est toute affaire qui reste non terminée mais qui figure dans l'ordre du jour de la réunion précédente. Seules les assemblées qui se réunissent au moins trimestriellement peuvent reporter les questions inachevées à la prochaine réunion régulière. Le terme « affaire inachevée » est plus convenable que « vieille affaire – Old Business ». Après avoir traité les affaires qui n'étaient pas terminées à la réunion précédente, on entre aux nouvelles affaires ou le**s Affaires d'Ordres Généraux**, qui sont habituellement des motions reportées à la présente réunion, sans préciser un temps pour leur examen. Voici comment le président pourrait gérer les affaires qui se trouvent dans cette catégorie

LE PRÉSIDENT : «Dans l'ordre des affaires générales, le premier sujet dans l'ordre du jour est la motion relative à ...." Le président ne doit jamais demander: «Y a-t-il des affaires dans l'ordre général?" C'est lui qui doit le savoir. S'il y a des éléments de travail qui sont inachevés ou affaires générales, les minutes de la réunion précédente doivent absolument le montrer. Si ni le président ni les minutes ne le savent, personne d'autre ne doit le savoir. S'il en est ainsi, le président passe à la nouvelle catégorie des travaux de l'assemblée : les nouvelles affaires.

6. NOUVELLES AFFAIRES :

Quand l'ordre du jour et toutes les affaires qui n'étaient pas achevées sont terminées, le président posera la question :

LE PRÉSIDENT : Y-a-t-il une nouvelle affaire ?

C'est justement en ce moment que quelqu'un peut

introduire une nouvelle question en suivant la procédure que nous avions couvert au chapitre 2.

Une nouvelle affaire est traitée jusqu'à sa fin quand l'assemblée va se prononcer par le vote, soit d'ajourner, ou programmer pour un certain temps. Un président impatient n'a aucun droit d'expédier les affaires. Autant que l'affaire présentée devant l'assemblée est légitime, on ne droit de s'inquiéter car personne ne peut vous vous arracher la parole jusqu'à ce que vous introduisiez votre motion. Si la majorité est anxieuse de rentrer à la maison, elle est libre de l'être.

7. AJOURNEMENT :

C'est le président qui déclare que la réunion est ajournée quand (1) l'assemblée a déjà adopté la motion d'ajournement, (2) le temps qu'on a prévu l'ajournement est arrivé et qu'il n'y a pas eu de motion de prolongation de la session ; ou (3) quand il n'y a aucune question à traiter.

Quand on introduit la motion d'ajournement et que le président entend aussi un autre membre le seconder, c'est justement en ce temps qui va dire :

LE PRÉSIDENT : « La motion d'ajourner la réunion a été introduite et secondée, que ceux qui sont en faveurs disent « Oui ». Que ceux qui s'opposent disent « Non ». Les « Oui » sont plus nombreux. La réunion est ajournée. Le temps prévu pour la prochaine réunion est dans le cadre d'un ordre spécial et voici comment on s'arrange pour le faire aussitôt que la motion d'ajourner est adoptée par l'assemblée. Le président dira :

LE PRÉSIDENT : L'heure d'ajournée est devant nous et le temps de terminer la question devant nous a expiré., La question sur.... (le président présente l'ensemble des questions ou problèmes qui restent inachevées cette fois-ci et puis, il déclare), la réunion est ajournée.

Quand l'assemblée a fini tous les travaux prévus dans l'ordre du jour, et qu'il n'y a rien d'autre à faire, le président va demander :

LE PRÉSIDENT : Y-a-t-il de nouveaux travaux ? (Pause)....Puisqu'il y n'a plus de question à traiter, l'assemblée est ajournée.

8. LES ORDRES SPÉCIAUX ET D'AUTRES EXCEPTIONS AUX RÈGLES DE TRAVAIL.

Une assemblée peut tacler n'importe quelle question qui la concerne en adoptant une motion de suspendre les règles. Cette motion n'est pas débatable mais exige un vote de 2/3.

Par exemple : Supposons qu'il y a de nombreux comités qui vont prendre beaucoup plus de temps que prévu pour suivre leurs rapports. Mais subitement, un important sujet qui semble menacer l'organisation. Le porteur de cette nouvelle ne veut pas que l'assemblée se retire sans traiter cette question. Il faut donc d'abord introduire une motion qui suspend les règles afin de traiter ce sujet qui n'est pas dans l'agenda. Le vote de 2/3 de l'assemblée devient donc nécessaire.

LE MEMBRE : M. le Président, j'introduis la motion de suspendre les règles et suivre cette importante communication comme une question qui nécessite la réponse de cette assemblée concernant..... » Second !

LE PRÉSIDENT : Une motion de suspendre les règles afin de traiter la motion devant nous a été secondée.

(Le président demande le vote).

Le président pourrait aussi avoir le désir de traiter cette question aussitôt que possible ; voici comment il le fera.

LE PRÉSIDENT : « Y a-t-il d'objection de le faire maintenant ? S'il n'y a pas d'objection, le président propose en ce temps de discuter la motion qui est devant l'assemblée. – Ce qui veut dire que s'il n'y a pas d'objection, on peut se passer du vote de 2/3 et passer directement sur la question devant l'assemblée. Sans objection, les règles sont suspendues sans vote de 2/3.

Le plus souvent, un agenda est spécifique seulement dans l'ordre que les travaux sont classés pour être traités pendant la réunion. Un tel agenda permet aux membres de passer autant de temps nécessaire pour traiter chaque sujet à l'ordre du jour. Mais quand l'assemblée a trop à faire et qu'elle aimerait épuiser son agenda, elle doit absolument limiter le temps de traitement de questions. Parfois, dans les conventions par exemple, il y a à la marge de chaque sujet, le temps réservé pour son traitement. La classe ou le sujet avec le temps indiqué devrait ce passer au temps et à la place indiqués dans l'agenda. Cette règle n'admet que quelques exceptions.

Si une question a été classée dans un ordre spécifique, soit par motion de retardement ou à cause de sa place dans l'agenda , quand son temps de sa considération de cette question dans l'ordre spécifique arrive, le président va l'annoncer et met la question au vote sans plus permettre les débats.

Un membre introduit la motion d'étendre le temps de la considération de la question - cette motion n'est pas débatable mais exige le vote de 2/3 ou le consentement général.

Un membre introduit la motion de référer, de retarder, de poser sur la table la motion qui est devant l'assemblée ; - cette classe de motions est amendable mais non débatable et elle exige le vote de la majorité. (les motions de référer et de retarder sont normalement débatables ; mais elles deviennent non débatables parce que le temps des débats avait expiré).

L'exemple suivant donne une illustration la procédure on peut libérer le court afin de prendre une question d'ordre général qui doit venir à un temps précis établi pendant les assises de la réunion ultérieur.

Supposons que qu'un rapport du comité de nomination a eu la désignation d'ordre général pour être rendu à 8 :00 heures du soir. A 8 :00 heures du soir, le président doit interrompre les débats d'une question qui est maintenant débattue en disant :

LE PRÉSIDENT : « Le temps de la considération de la question a expiré. La question est sur.....(Le président introduit la question qui attend. In reconnaît le président le président du comité de nomination ».

Si quand le président de l'assemblée annonçait l'expiration du temps de traiter la question débattue et qu'un certain membre aurait introduit la motion de prolonger les débats, motion secondée, le président dira :

LE PRÉSIDENT : Une motion de prolongement de temps des débats de cette question a été introduite et secondée ; enfin, il faut voter sur cette question.

Ou,

le président peut suggérer d'étendre les débats pour 5 minutes par exemple :

LE PRÉSIDENT : S'il n'y a pas d'objection, (Pause) ....Pas d'objection, les 5 minutes sont accordées. » Dans ce cas, les débats sur la question seront prolongés de 5 minutes.

Si le temps de la question discutée est prolongé, la question en ordre spécial va attendre jusqu'à ce que l'on arrive à l'expiration du temps convenu. Il est certain que cette question devra être conclue par le vote ; puis, on attaquera la question d'ordre spécial.

Si un sujet de l'assemblée a été désigné « d'ordre spécial » il devra être introduit pour *les débats directement après la lecture et l'approbation des minutes*.

LE CHAPITRE 6
LES COMITÉS

INTRODUCTION : Rien est impossible, jusqu'à ce qu'il soit renvoyé à un comité. Dieu a tant aimé le monde, qu'il n'a pas envoyé un comité. En dépit de toutes les blagues sur les comités, ils sont parmi les dispositifs les plus utiles de la procédure parlementaire. Les bons comités aident une assemblée à gérer ses affaires de manière plus efficace, à prendre de meilleures décisions, et à mettre les talents, et les intérêts des membres individuellement et collectivement à leur pleine utilisation. Une grande partie du travail du reste sera d'approuver le travail qui a été fait dans les comités. Thomas B. Reed décrit l'importance écrivain au début du 20ième siècle, puis président de la Chambre des Représentants des USA a dit ceci des comités: Le comité est l'œil et l'oreille, et de la main, et très souvent le cerveau, de l'assemblage. Il peut étudier une question, obtenir des informations complètes, et mettre l'action proposée en forme appropriée pour la décision de l'assemblée. Le sixième chapitre des Actes des Apôtres décrit comment les apôtres ont résolu le problème des aides que l'église doit apporter au pauvres et aux veuves. C'était par une réunion et la nomination d'un comité. L'église a choisi sept membres qualifiés pour former un comité qui devait gérer l'entreprise. C'est grâce à ce comité à qui avait été attribué cette tâche que les apôtres sont retournés à leur ministère de la prédication et de la prière ; par conséquent, la Parole de Dieu a porté plus de fruit, et le nombre des disciples s'était augmenté énormément à Jérusalem" (Actes 6: 7). Voyez, grâce à la formation d'un comité des gens capables de mener à bien la spécifique tâche que la mission confiée aux disciples a largement réussit à Jérusalem.

QUEL EST LE TRAVAIL DES COMITÉS ?

Un comité est un groupe de membres à qui une assemblée a commis une tâche spéciale. Les motions ou d'autres affaires peuvent être renvoyées à un comité ou un petit groupe de membres *sélectionnés à cause de leurs mérites* ;

premièrement, leur travail consiste à étudier profondément une question avant d'y agir.

Deuxièmement, les comités peuvent aussi traiter des questions délicates, telles que les question de procédures disciplinaires qui nécessitent beaucoup des discrétion que n'assure pas l'ensemble de tous les membres d'une assemblée.

Troisièmement, les réunions des comités peuvent également fournir un forum pour les défenseurs de points de vue contradictoires pour résoudre leurs différends sans prendre trop de temps à l'assemblée.

Les trois fins générales pour lesquelles les assemblées créent des comités sont:

1. **étudier ou enquêter sur une affaire**. Une assemblée peut charger un comité pour enquêter, faire des recherches, ou tenir des audiences sur une question. Lorsqu'on y est invité, le comité signale simplement les résultats des recherches, ramenant ce qu'ils ont trouvé aux membres de l'assemblée.

2. **Recommander des mesures**. Un comité peut être chargé d'enquêter et de recommander des mesures sur une question. Le comité peut recommander qu'une motion soit adoptée, rejetée, modifiée, reportée à un

189

certain temps, ou retardée indéfiniment. Il peut évaluer, porter les modifications convenables qui supportent ou changent la motion, ou suggérer ses propres mesures.

3. Prendre des mesures. Les comités ont seulement le pouvoir de recommander des mesures, laissant l'assemblée elle-même à adopter des motions qui sont nécessaires pour les réaliser. Mais une assemblée peut, selon ses statuts, habiliter un comité à agir en son nom. La plupart des organisations établissent des comités qui ont compétence sur certaines catégories d'affaires, tels que les finances, les missions, ou le culte. Un comité peut prendre certaines mesures qui lui ont été habilitées à prendre. Le président devrait le spécifier en nommant un comité si c'est nécessaire et devant toute l'assemblée. *Quel que soit le but pour lequel ils servent, les comités sont des instruments de l'organe de tutelle qui les crée*. Ils sont sujet aux ordres de l'assemblée dont ils font partie et peuvent exécuter seulement les fonctions spécifiques autorisées par les règlements, les règles, ou des motions de l'Assemblée.

LES COMITÉS PERMANENTS

La principale distinction entre les deux types de comités est *que les comités permanents sont permanents, alors que tous les comités spéciaux sont temporaires*. Les comités permanents sont établis pour *effectuer une fonction continue,* comme un comité des finances ou un comité de mise en candidature. **Les comités permanents sont généralement créés par les statuts de l'Assemblée.** Les règlements intérieurs de chaque organisation devraient avoir un article qui définit chaque comité permanent en précisant:

1. Le nom du comité permanent (commission)
2. Le nombre de membres
3. Le nombre constituant un quorum pour les réunions du comité, si plus ou moins que le quorum d'une majorité automatique
4. Comment les membres sont élus ou nommés et leurs qualifications particulières pour l'adhésion
5. Comment le président est élu ou nommé
6. Durée du mandat
7. Provisions pour combler les postes vacants
8. Les fonctions et pouvoirs du comité
9. Le temps et la fréquence des réunions régulières,

à moins que le comité a le droit de se réunir quand il le faut sur convocation du président

10. Le comité se rapporte à l'Assemblée. Par exemple, en vertu de l'article sur les comités, le Règlement Intérieur pourrait avoir une section qui dit : « Un Comité de gérance aura pour président le trésorier de l'église, et quatre Anciens. Leur devoir est de préparer le budget pour chaque exercice qui commence le premier Octobre de chaque année. À l'exception du trésorier, qui est élu par l'assemblée, les membres du comité sont élus par le conseil des Anciens immédiatement après chaque réunion annuelle de la congrégation ; à l'exception du Trésorier, les quatre Anciens ont un mandat de deux ans renouvelable .

Les postes vacants du comité doivent être remplis par le conseil des Anciens. Le comité doit présenter le budget à la congrégation lors de sa réunion régulière annuelle au mois de Septembre. Le comité peut, de temps en temps, présenter des suppléments au budget pour l'année fiscale en cours. Le comité doit également planifier et superviser la Campagne Annuelle de l'intendance de l'église.

Presque toutes les organisations considèrent comme membres **ex-officio** de tous les comités de leurs organisations ; par exemple, **le président est communément membre d'office de tous les comités, sauf le comité de nomination.** Le terme d'office signifie *«par vertu de sa position dans le bureau.»* **Membres d'office ou de droit,** mais sans l'obligation d'assister aux réunions et travaux du comité, de participer aux débats et de voter comme tout autre membre du comité. Les membres d'office ou de droit ne sont pas comptés dans le quorum.

LES COMITÉS SPÉCIAUX

Les comités spéciaux cessent d'exister lorsque les tâches pour lesquelles ils ont été créés sont présentées et adoptées par l'assemblée. Ils peuvent être créés par une motion de renvoi au comité ou par une motion principale demandant de former un comité pour **une tâche particulière.** Toute motion pour créer un comité spécial doit indiquer le nombre des membres et les fonctions du comité. Si la motion ne désigne pas le président du comité, le premier nom nommé ou élu se trouvant en tête de liste du comité devient le président. Les membres d'un comité spécial peuvent être choisis par l'une de ces quatre méthodes:

1. L'auteur de la motion créant le comité peut nommer tous les membres .

2. Le président peut nommer tous les membres du comité.

3. Le président peut nommer les membres qui sont confirmés par un vote de l'assemblée.

4. L'assemblée désigne et élit le comité.

L'exemple suivant illustre comment un comité spécial peut être créé par une motion de renvoi:

LE MEMBRE: "Monsieur le président, je propose que la motion à l'achat de nouveaux livres de cantiques soit renvoyé à un comité de trois. Ce comité sera nommé par le président, avec des instructions de nous donner leur rapport à la prochaine réunion régulière."

LES CONSEILS

Voici la manière par laquelle les comités permanents et les conseils sont créés selon les statuts de l'assemblée pour effectuer des fonctions continues.

Les deux caractéristiques particulières des conseils sont:

(1) Ils sont généralement composés des dirigeants d'une organisation et, parfois, d'autres membres élus par l'assemblée;

(2) ils sont habilités de superviser et d'effectuer les travaux de l'Assemblée entre les réunions de celle-ci Si votre église ou votre organisation a un conseil d'administration des anciens, des diacres, des administrateurs ou fiduciaires, vos statuts doivent contenir un article qui définit clairement et exactement les composition, les pouvoirs et les procédures du conseil. L'article des statuts sur le conseil d'administration devrait contenir les mêmes dix points d'Information que nous avons recommandés pour les comités permanents, et, ce qui est important, une section qui définit les pouvoirs du conseil. Si votre conseil n'a que le pouvoir d'une supervision générale des activités de l'assemblée entre les réunions, cet article pouvait donc se dire comme suit:

Section_____Le Conseil (des Anciens, des Diacres, des Administrateurs, des fiduciaires, etc.) doit avoir la surveillance générale des affaires de la (assemblée,

Église, Convention, Société, etc.) entre ses réunions d'affaires ; il doit faire des recommandations à l'Assemblée, et accomplir d'autres fonctions que ces statuts et les règles de l'Assemblée précisent. Le Conseil doit être soumis aux ordres de l'Assemblée, et qu'aucun de ses actes soit en contradiction avec les mesures prises par l'Assemblée. Ou, si votre Assemblée souhaite donner tout son pouvoir à un conseil d'administration élu, cette section devrait dire: Section le conseil d'administration, (Anciens, etc.) aura plein pouvoir et l'autorité sur les affaires de l'Assemblée, excepté. . . (ici l'assemblée peut spécifier certaines catégories d'affaires qu'elle souhaite lui être réservées). Ne vous inquiétez pas si cet article dans votre règlement intérieur ressemble à un mini-statuts. *Les fonctions et les pouvoirs des conseils qui gouvernent doivent être très soigneusement définis.*

COMMENT FONCTIONNENT LES COMITÉS ?

Les réunions du comité sont caractérisés par l'informalité. La plupart des travaux du comité peuvent être effectués sans un strict respect des règles parlementaires qui gouvernent les grands groupes. Les motions ne sont pas nécessairement secondées dans les réunions du comité. Les comités peuvent discuter de façon informelle d'un sujet alors qu'aucune motion est devant les membres. Il n'y a aucune limite sur le nombre de fois qu'un membre du comité peut parler, et le président lui-même peut faire et discuter les motions comme tous les autres membres autant qu'il n'empêche pas les autres membres de parler. Les comités décident souvent les questions sur consentement général. Si, après une période de discussion éclairée, une action semble être claire pour tout le monde, le président peut poser une question pour un vote sans l'introduction formelle d'une motion. La motion à reconsidérer est toujours dans l'ordre dans les réunions du comité et peut être réintroduite par n'importe quel membre qui a voté avec la majorité ou non.

LA RÉDACTION DES RAPPORTS

Les rapports des comité doivent être rédigés et déposés auprès du secrétaire de l'assemblée au moment où le comité donne oralement son rapport. Les rapports doivent être rédigés à la troisième personne. Ne dites jamais «nous constatons que... Mais" que le comité de

Finances constate que... Le formulaire standard pour un rapport du comité avec des recommandations est le suivant :

1. L'identification du comité qui soumet le rapport. Un rapport du comité permanent va commencer PAR: " Le Comité des Missions rapporte que« Un rapport du comité spécial dirait: «Le comité auquel a été renvoyé la motion sur ....rapporte que.... "

2. Une description de la façon dont le comité a entrepris sa gestion de la question sur laquelle il rapporte. Le comité a préparé ce rapport sur son propre initiative, -ou l'assemblée a renvoyé cette question au comité...

Donnez des détails spécifiques, tels que la date de la saisie du dossier, le libellé exact de toutes les motions et les amendements en suspens qui ont été renvoyées, et toutes les instructions spécifiques données au comité. Le comité peut attacher à son rapport tous les documents qu'elle estime 'importants.

3. Les faits découverts par la recherche et l'étude du comité et une liste de leurs sources et personnes consultées.

4. Les constatations ou les conclusions du comité sur la question, ainsi que les arguments en faveur de toute

recommandation qu'elle déploie.

5. Une déclaration claire concernant les recommandations du comité demandant l'action par l'assemblée. Les recommandations doivent toujours être signalées en forme de motion. Le président du comité doit introduire l'adoption de chaque recommandation à la conclusion de la lecture du rapport par le secrétaire. Habituellement, le président du comité signe et présente le rapport oral au nom du comité.

Si le rapport traite des questions importantes ou controversées, tous les membres qui sont d'accord avec le rapport devraient signer. Les membres du comité qui sont en désaccord avec le rapport présenté peuvent présenter un **rapport minoritaire** Quand le rapport minoritaire est présenté, celui-ci doit suivre le rapport du comité. L'assemblée peut refuser la permission de présenter un rapport minoritaire. Si elle suit ce rapport, il est traité comme un amendement subsidiaire à amendement le rapport du comité. Le membre qui a présenté le rapport devrait commencer de cette façon:

LE MEMBRE: "Monsieur le Président, les membres minoritaire du comité de Missions soussignés, non n'étant pas en accord la majorité, tiennent à exprimer leurs points de vue sur...." Le rapport est signé par les membres opposants et leurs noms sont lus oralement à la conclusion du rapport. Bien qu'un rapport par les membres non d'accord à la majorité, on lui donne le nom de «rapport minoritaire», le rapport de la majorité n'est pas dit "rapport de la majorité." Le terme exact est «le rapport du comité."

LA PRÉSENTATION DES RAPPORTS

Un comité peut présenter son rapport en laissant le président le lire devant l'assemblée ou en distribuant les copies du rapport aux membres, le président attirant l'attention des parties les plus importantes du rapport avant d'introduire des recommandations. Voici deux exemples de la façon de rapporter le travail du comité à l'assemblée :

LE RAPPORT DU COMITÉ PERMANENT

LE MEMBRE: "Monsieur le Président, le comité des bâtiments soumet le rapport suivant sur la acquisition d'un terrain pour notre nouveau temple:« Il y a six mois, l'église a acheté cinq hectares de terrain sur lesquels nous allons construire notre nouveau temple. Depuis lors, notre consultant, la compagnie des constructeurs Goodman a achevé une étude de faisabilité du projet. Le comité a rencontré deux fois la compagnie des constructeurs Goodman et a tenu deux réunions pour discuter sur leurs conclusions. "Le comité est heureux d'annoncer que la projection de la croissance de la congrégation au cours des dix prochaines années de l'étude de faisabilité est d'un tiers supérieur à l'estimation initiale du comité et que l'achat initial de cinq hectares de terrain sera insuffisant à cause de la croissance à long terme de l'église. Le comité a également trouvé un terrain de dix hectares à un demi kilomètre de l'emplacement actuel. Le propriétaire a accepté de les vendre à l'église pour 50% en dessous de la juste valeur du marché ; ceci a été déterminé par un expert indépendant .«Le comité recommande donc l'adoption de la motion suivante: Que le comité de bâtiment soit autorisé à engager les démarches de la vente des cinq hectares de terrain initialement achetés pour la relocalisation de l'église et de négocier l'achat du dit dix hectares de terrain ainsi trouvé sans délai avec des instructions de faire rapport à l'assemblée congrégationnelle avant que les contrats finaux soient signés ».   "Monsieur le Président, au nom de la comité, je propose l'adoption de la motion qui vient d'être lue".

UN RAPPORT D'UN COMITÉ SPÉCIAL

LE MEMBRE: "Monsieur le président, le comité auquel a été renvoyé la motion d'acheter les nouveaux cantiques vous soumet son rapport comme suit : "Le comité s'est réuni trois fois depuis la dernière réunion de la congrégation. Le comité a constaté que 210 des cantiques actuellement en usage sont en bon ou en excellent état et que 90 sont très usées et doivent être remplacés. Le comité croit que la congrégation aussi a besoins de 75 cantiques supplémentaires pour répondre aux besoins actuels et notre croissance prévue au cours des deux à trois prochaines années. "Le comité a également examiné de nouveaux cantiques cinquième éditions et a trouvé que les cantiques publiées par l'Edition Broadman actuellement en usage encore reste les meilleurs pour notre congrégation. "Par conséquent, le comité recommande donc l'achat de 165 cantiques de la Cinquième Edition de Broadman,   "Monsieur le Président, au nom de la comité, je propose l'adoption de cette motion". Rappelez-vous que les recommandations, lorsqu'elles sont faites, sont au cœur, le centre d'un rapport. Il faut toujours les présenter en tant que motion et dite clairement. C'est toujours le président du comité qui propose l'adoption de la motion à l'assemblée.

L'ACTION SUR LES RAPPORTS

Ce que fait une assemblée avec un rapport dépend de ce que veut du rapport et du but du rapport. Si un rapport est pour information seulement, rien ne doit être fait excepté de le recevoir . Si le comité reporte sur une motion qui lui avait été référée par l'assemblée, il doit la ramener à l'assemblée pour reconsidération et action. Le comité peut ramener la motion avec ou sans amendements, avec ou sans recommandation de l'adopter ou de le rejeter, et l'assemblée est souveraine de faire ce qui lui plaît.   Quand une assemblée reçoit officiellement un rapport, que ce soit sous forme orale ou écrite, il devient le sien. Dans la procédure parlementaire, *recevoir un rapport* signifie simplement permettre qu'il soit présenté. Recevoir un rapport ne veut pas dire l'adopter. Par contre, *approuver ou avaliser un rapport* veut dire être d'accord avec quoi que ce soit qui est dit dans ce rapport. Certaines assemblées ont la mauvaise habitude de recevoir des rapports après les avoir entendus. Un rapport déjà lu est approuvé par l'assemblée et non reçu. Ces motions sont superflus, puisque l'Assemblée a reçu les rapports quand ils ont permis aux comités de leur donner. Une fois qu'un rapport a été approuvé, il appartient à la assemblée. Le comité qui présente le rapport pourrait ne pas amender la motion, à moins que l'Assemblée la lui a référée.

Si un rapport contient uniquement des informations et est avec ou sans recommandations spécifiques pour l'action de l'assemblée, aucune action supplémentaire est nécessaire. Si l'assemblée n'est pas satisfaite du travail du rapport d'un comité, si celui-ci est confus ou incomplet, elle peut le renvoyer à ce même comité, ou à un autre comité, pour un travail supplémentaire.

Quand un rapport du comité contient des recommandations, celles-ci devraient être introduites par le président du comité à la fin du rapport, suivant la procédure décrite dans la section sur les rapports du comité au chapitre 5.

L'Assemblée peut adopter, rejeter, amender, ou autrement disposer n'importe quelle recommandation proposée par le comité.

Une motion d'adopter tout le rapport, contrairement à la motion d'adopter seulement une recommandation, devra être faite si celui qui l'avait introduit souhaite que chaque important aspect de ce rapport soit une déclaration officielle de l'Assemblée dans son ensemble. La motion d'adopter un rapport tout entier est une motion principale. Elle peut être faite par le président du comité ou par un autre membre à la fin du rapport.

DÉCHARGEMENTS D'UN COMITÉ

Quand une assemblée réfère une motion à un comité, la même assemblée ne peut pas considérer de nouveau cette même question, ou toute autre motion impliquant essentiellement la même question, *jusqu'à ce que le comité soumette son rapport sur cette motion*. L'assemblée peut, cependant, prendre l'affaire des mains du comité en adoptant une **_motion de décharger du Comité_**. Bien que cette motion ne figure pas sur la liste des motions qui se trouve sur le tableau qu'on a au début de ce livre, les règles qui *le régissent sont identiques à la motion visant à amender ou annuler quelque chose précédemment adoptée.* L'assemblée peut décharger un comité à tout moment après avoir référé la question devant ce comité et après que le comité ait finalisé son rapport. **Puisque cette motion inverse toute action précédente, elle nécessite habituellement un vote de 2/3, un vote à la majorité, avec préavis,** *ou un vote majoritaire de l'ensemble des membres.* Si le comité ne parvient pas à signaler quand il était chargé de le faire ou si l'assemblée envisage un rapport partiel du comité, puis une motion de la décharge du comité peut être adoptée par un vote à la majorité simple, sans préavis. La motion est présentée de cette façon concernant un comité permanent:

LE MEMBRE: "Monsieur le président, je propose que le comité de construction soit déchargé de poursuivre l'examen de la motion visant à rénover le presbytère"

Concernant un comité spécial, le membre dira:

LE MEMBRE: "Monsieur le président, je propose que le comité permanent auquel a été renvoyé la motion visant à rénover le presbytère soit déchargé."

Le président annonce le résultat d'un vote affirmatif

sur une motion visant à décharger de cette façon:

LE PRÉSIDENT: «Deux-tiers ont voté par l'affirmative et le comité est déchargé. La question est maintenant sur la motion. ' Que l'église rénove le presbytère.'"

Quand un comité permanent est déchargé, le comité continue d'exister. Il est simplement déchargé de la manipulation de la question particulière qui est maintenant entre les mains de l'Assemblée. Quand un comité spécial est déchargé de la manipulation d'une question pour laquelle il a été créé, il cesse d'exister.

LES COMITÉS D'UNE ASSEMBLÉE

La plupart des conventions sont des assemblées des délégués qui représentent des unités constitutives d'une organisation et agissent au nom de l'ensemble du groupe. Certaines conventions sont constituées de messagers qui ne représentent qu'eux-mêmes. Puisque l'Eglise Presbytérienne Camerounaise a des assemblées presbytérales, synodales et une nationale ; il y a des règlements, à chaque niveau (règlements presbytéraux pour les assemblées départementaux, les règlements synodaux pour les assemblées provinciales, et des règlements nationaux pour l'assemblée Générale). Ces règlements définissent les pouvoirs et fonctions de chaque assemblée, des qualifications pour les délégués, comment ils sont choisis, et toutes les autres dispositions nécessaires pour le fonctionnement de chaque assemblée. Chaque convention ou assemblée, même celles dites annuelles d' un organe tiennent des votes séparés. La seule façon par laquelle une assemblée est liée à l'autre est à travers un règlement permanent qui reste en vigueur d'année en année. Parce que chaque rassemblement de délégués est un organisme distinct, une assemblée doit s'organiser en assemblée délibérante avant de pouvoir procéder aux travaux. Il le fait aux première assises, à la première réunion de la première journée de l'assemblée en adoptant des rapports des trois comités:

1. le Comité de vérification des pouvoirs,
2. le Comité des règles, et
3. le Comité du Programme.

Les rapports sont généralement adoptés dans cet ordre. Une fois que les délégués ont adopté ces rapports, ils forment ces trois comités. C'est à ce niveau qu'ils sont officiellement organisés comme une assemblée et ils peuvent effectuer des travaux ou faire des affaires.

Les trois rapports sont débattus et modifiés. Le rapport de la commission du règlement exige un vote des deux tiers. Les deux autres rapports exigent seulement un vote majoritaire.

LE COMITÉ DE VÉRIFICATION DES POUVOIRS AUSSI APPELÉ LE COMITÉ DE RÉGISTRATION.

Son travail est d'enregistrer les délégués ou des messagers, de vérifier les pouvoirs, et de présenter à l'assemblée une liste exacte de délégués inscrits. Une fois adopté, ce rapport de vérification des pouvoirs devient la liste officielle des membres votants de l'assemblée.

LE COMITÉ DES RÈGLEMENTS

Son travail est de présenter à l'assemblée un ensemble de règles permanentes. Une fois adoptées, ces règlements définissent comment l'assemblée va conduire ses travaux.

LE COMITÉ DU PROGRAMME

Il prévoit et propose un ordre complet de l'ordre du jour de l'assemblée. Une fois adopté, cet ordre des affaires constitue l'ordre du jour de l'assemblée. Votre assemblée peut avoir différents noms pour ces trois comités essentiels à toute assemblée délibérante. Votre assemblée peut également avoir d'autres comités pour répondre aux besoins particuliers. Ces comités devraient être décrits dans les statuts et règlements intérieurs de chaque assemblée .

CHAPITRE 7

LE RÈGLEMENT INTÉRIEUR

INTRODUCTION : Une fois que j'ai servi comme prédicateur intérimaire dans une petite paroisse rurale non loin du collège où j'enseignait. Pendant plus de vingt ans, cette petite paroisse avait connu une série de prédicateurs à temps partiel et deux anciens laïcs, Sam et Fred. Dès le début de mon ministère, j'ai demandai à Sam que je voulais une copie des statuts de la paroisse. Il a demandé ce que j'entendais de statuts de la paroisse parce qu'il n'en avait jamais entendu parler.

Je me demandais comment une paroisse peut fonctionner sans statuts et sans règlement intérieur ! Comment élit-elle ses officiers et les autres responsables de la paroisse ? Sam me dit que quand il est venu dans cette paroisse, c'est Fred qui lui a demandé de faire ce qu'il fait. Depuis Fred est le trésorier de la paroisse et directeur de l'Ecole de dimanche, et sa femme est le secrétaire de la paroisse, et Sam est chargé de tout le reste, sauf la prédication. Il y a d'autres responsables qui ont été nommés depuis temps. Actuellement, il n'y a pas de postes vacants.

Je lui est demandé qui avait approuvé le budget de la paroisse. . Il m'a dit qu'il n'y avait pas de budget. Fred prend ce qu'on donne chaque dimanche et il le dépose à la banque et il écrit des chèques pour toutes les dépenses régulières, les factures d'électricité et le salaire du prédicateur. S'il y a un problème, Sam et Fred se réunissent et prennent la décision. Parfois, ils prennent des majeurs décisions, comme appeler un nouveau prédicateur pour servir comme prédicateur. Réellement, tout allait normalement bien. Les factures étaient payées, la pelouse autour du temple était tondue, le bâtiment était nettoyé, et chaque dimanche et chaque mercredi le culte de la congrégation était régulier. Mais au sens vrai des choses, le système ne fonctionnait pas. Ce n'est pas de cette manière qu'une paroisse doit fonctionner. Cette petite paroisse était stagnante. Il y avait très peut de nouveaux. Personne ne savait là où on venait et là où va cette communauté chrétienne. Comme les enfants des membres avaient déjà tous atteint l'âge adulte, il n'y a que de vieilles faces qu'on rencontre dans la congrégation. Le rôle de leadership et de service dans la congrégation ne revient à personne. Ceux qui viennent à l'église le font par nostalgie, par habitude et par n'avoir rien d'autre à faire.

Je ne suis pas sur le point de suggérer qu'absolument, les règlements intérieurs de chaque organisation seraient la panacée pour les problèmes de cette église. Mais le processus de rédaction des règlements intérieurs ferait deux choses pour cette communauté chrétienne ; **d'abord,** il permettrait à cette église de s'arrêter et de regarder exactement comment tout ce fait. Il y a peu des gens qui prennent du temps de se regarder intérieurement et porter un jugement sévère sur eux-mêmes. C'est justement la première étape qu'une église qui rédige son règlement intérieur va entreprendre en réfléchissant parce qu'elle va délibérément se découvrir tout le long de cette première démarche. **Enfin,** un tel processus va fournir à la congrégation elle-même la possibilité de donner son consentement consciencieux en forme écrite à la façon dont leurs affaires devaient être conduites. Ce processus prend du temps ; il y a des paroisses qui passent au moins un à trois ans pour obtenir un règlement intérieur qui engage les officiers aux responsables à s'éduquer, et à former tous les membres de la congrégation à travers les cours pour enfin voir les fruits de cet instrument qui est nécessaire dans toutes les organisations humaines. C'est le travail qui est devenu le mien quand je suis devenu pasteur de cette petite paroisse rurale. C'est grâce à ce travail laborieux qu'enfin, nous avions mis sur place un règlement intérieur qui fût adopté par la congrégation. Fred et Sam étaient mes collaborateurs pour faire ce travail et sont tous devenus les nouveaux dirigeants mais élus par la congrégation et avec mandat et cahiers de charge. Il y avait des membres qui travaillaient dans plusieurs comités définis par les textes.

Lors de la première réunion annuelle de la congrégation, nous avions adopté les objectifs pour l'année et voté un budget. En bref, les membres étaient fortement impliqués dans tout ce qui se faisait. Ils savaient ce qu'on veut atteindre et pour combien de temps, qu'est-ce qu'il fallait pour le faire et qui doit faire quoi. On voyait la ferveur des membres, l'engagement des responsables et les fruits que portaient les efforts de tous.

Au bout de trois ans, le nombre des membres de

l'église a triplé ; les offrandes quadruplées. Il y avait assez de fonds pour envisager les constructions d'un nouveau temple qui allait accueillir la nouvelle croissance. Comme nous l'avons noté au premier chapitre, pour mener à bien les travaux de l'Eglise de Jésus Christ sur terre, toutes nos réunions et assemblées devraient être régis par un ensemble de règles. Il est mieux que celles-ci soient écrites . On peut facilement tordre les traditions mais si tout le monde suit les textes et rien que les textes, on peut créer de bonnes habitudes et laisser l'Esprit de Dieu nous guider.

Les erreurs, les faveurs, le tribalisme, l'égoïsme, les faiblesses personnelles et l'ignorance profitent de là où il n'y a pas de règles. Les règles sont les garde-fous de la société. Les assemblées sans règlements intérieurs, sans procédures parlementaires seront menées par énoncées ou par les règles de quelqu'un d'autre ou de ceux qui veulent utiliser l'organisation à leurs propres fins.

Pour fonctionner en tant qu'organisation permanente et conduire les affaires d'une manière équitable, efficace, et juridique, une assemblée ou réunion de personnes qui ont quelques objectifs en commun, doit avoir un ensemble de règles de base écrites qui définissent les droits et devoirs des

215

membres, la structure de l'assemblée, et les lignes directrices de base pour la gestion de leurs affaires. Ces règles de base sont appelés les règlements. On peut aussi les appeler **« RÈGLEMENTS INTÉRIEURS »**. Dans les assemblées non incorporée, les règlements intérieurs sont la plus haute instance juridique des règles régissant l'ensemble et guident ses affaires.

Certaines assemblées divisent leurs règles de base entre *« Constitutions » et « règlements intérieurs »*. En vertu d'un tel arrangement, **la constitution** contient les règles de l'Assemblée considérées comme les plus importantes ; celles-ci sont généralement plus difficile à modifier ; on peut aussi appelé la constitution les **statuts**. Il y a des aussi les assemblées qui mettent leurs règles de base ensemble avec leurs statuts dans un document unique appelé **«Statuts et règlements."** La pratique préférée maintenant est d'avoir un document unique appelé tout simplement les «Les Règlements». De bons règlements sont un outil efficace pour guider les membres dans l'exercice de leurs droits et devoirs fondamentaux et d'aider l'assemblée à mener ses affaires d'une manière équitable, efficace et ordonnée.

Dans ce chapitre, nous nous pencherons sur la façon de rédiger un bon règlement intérieur et de maintenir un bon état de fonctionnement grâce à des modifications et des révisions périodiques.

PREMIÈRE ÉTAPE : La rédaction ou la révision : Première étape: L'Assemblée crée un comité sur les statuts. La rédaction ou la révision des statuts est souvent un travail complexe, le projet initial doit être préparé par un comité. Certaines assemblées ont un comité permanent sur les règlements. Ce comité doit périodiquement les examiner pour voir s'il faut des révisions et d'exams d'amendements qui sont proposés par les membres. Comme pour d'autres comités permanents, un comité sur les règlements peut être établi en prévoyant dans l'article des règlements qu'il est permanent. Si votre Assemblée ne dispose pas d'un comité permanent sur les règlements, un comité spécial peut être désigné par la méthode de nomination des comités spéciaux décrits au chapitre 6.

LE COMITÉ SUR LES RÈGLEMENTS. Il devrait inclure les membres les plus prudents et compétents de l'Assemblée. Il est également sage d'inclure les leaders d'opinion et les autres membres ayant des intérêts particuliers dans les règles de l'Assemblée. Il est préférable que ces membres aient la possibilité d'exprimer leurs points de vue au sein du comité plutôt que de consommer beaucoup de temps à débattre des statuts quand ils viennent devant l'assemblée. Ne vous inquiétez pas si le comité finit par être assez grand. Plus représentatif est le comité, plus est la possibilité d'avoir les règlements proposés qui reflètent les besoins de l'Assemblée et plus qu'ils seront adoptés sans trop de débats et amendements. Si votre organisation est importante ou sa structure complexe, les services d'un parlementaire professionnel pour conseiller le comité se révélerait utile.. Si votre église ou organisation est incorporée, des règlements proposés devraient être renouvelé par un avocat. Si une société est intégrée ou a une charte, les règlements intérieurs qui sont pour son administration quotidienne ne doivent pas entrer en conflit avec la Charte.

DEUXIÈME ÉTAPE: L'homme d'État grec, du nom de Solon, était responsable de changer plusieurs articles dans la constitution et les lois de l'ancienne Athènes. Quand ses réformes étaient critiquées, Solon lui-même reconnut que son code juridique était en deçà de la perfection. Lorsqu'on lui a demandé s'il avait donné aux athéniens les meilleures lois possibles, il a répondu, **"Non, mais je leur ai donné les meilleurs qu'ils pourraient recevoir"** Un comité de statuts doit examiner attentivement les besoins de ceux qui vont effectivement recevoir et utiliser les règlements qu'il rédige. Le travail du comité est de ne pas rédiger le parfait, ensemble universel de règlements, mais de rédiger le meilleur document de travail pour une assemblée particulière, un document qui régir ses affaires. Yogi Berra a remarqué que "vous pouvez beaucoup observer simplement en regardant." *Le travail d'un comité de statuts devrait être fondé sur une observation attentive de l'assemblée pour laquelle elle est en train d'élaborer des règlements.* La dernière chose qu'a besoin une église ou une organisation est un ensemble de règles abstraites qui ne parviennent pas à répondre aux besoins réels de l'organisation. De nombreuses assemblées adoptent des règlements qui restent cachées dans les tiroirs pendant des années parce qu'ils sont trop lourds ou insuffisants pour être d'une utilité pratique. Aucun autre instrument devrait être utile et pratique dans une organisation plus que le règlement intérieur.

Si ce comité a été bien choisi, les leaders de l'église

qui servent là-dessus devraient avoir *une bonne idée des forces et des faiblesses de l'actuelle structure de l'église et de ses modes de fonctionnement.* Le comité devrait également consulter largement les membres dans l'ensemble pour assurer qu'ils produisent des règlements de travail utiles plutôt que des obstacles qui vont l'encombrer. Par exemple, si le trésorier n'est pas membre du comité, il serait sage de le consulter lors de la rédaction l'article relatif à ses fonctions et des questions financières. Il en est de même du ministre, des dirigeants et les autres membres responsables dans les différentes parties du fonctionnement de l'Assemblée. Demandez-leur comment les choses sont faites maintenant. Trouver ce qui fonctionne bien et ce qui ne fonctionne pas. Puis restructurez les statuts afin qu'ils préservent ce qui fonctionne et ce qui ne résout pas les problèmes.

TROISIÈME ÉTAPE: Le Comité examine les documents existants. Si l'Assemblée ou la congrégation ou n'importe quelle organisation a déjà des statuts, le comité devrait les examiner attentivement afin de déterminer quelles parties sont adéquates et les parties qui doivent être changées.

Si un article du règlement ne répond pas au besoin de l'assemblée, posez-vous la question de savoir pourquoi maintenant ? Supposons d'abord que quand on avait écrit cet article, il répondait aux besoins de l'heure ; mais pourquoi il ne le fait plus maintenant ? Est-il trop restrictive, pourquoi est-il ainsi? Est-il trop large et si oui, quelles sont les conséquences ? Si on le change comme-ceci ou comme-cela, qu'en seront les conséquences. Est-ce que ce changement touche un autre article ? Est-ce que ce changement va permettre d'atteindre les objectifs que cette institution, cette organisation veut atteindre ? Est-ce vraiment ce que l'assemblée besoin de faire ? Le comité devrait examiner toutes les parties des règlements et conférer avec les membres, les dirigeants pour voir s'il y a des suggestions ou des questions pour interprétation.

Si vous faites partie d'une nouvelle assemblée qui est en train de rédiger sa première série de règlements, examinez les règlements d'autres organisations similaires à la vôtre. Comparez les données. Vous trouverez probablement de bonnes idées à partir d'un certain nombre de sources. Soyez prudent, d'adopter quasiment sans d'abord réfléchir sur des idées que vous trouverez dans d'autres documents. Soyez sûr que les dispositions que vous adoptez correspondent vraiment aux besoins de votre propre organisation.

Dans la pratique, les étapes deux et trois se chevauchent le plus possible. Ce pendant le processus durant, le comité devrait soigneusement être critique en examinant les documents existants qui régissent l'organisation.

QUATRIÈME ÉTAPE : Le Sous-Comité de rédaction Ecrit le projet initial. La rédaction réelle des statuts doit être effectuée par un sous-comité plus restreint composé des membres choisis à cause de leurs compétences en la matière.

Le parlementaire de l'Assemblée devrait travailler étroitement avec ce sous-comité. Si les règlements sont censés être longs ou si il y a plusieurs articles complexes, des sous-comités distincts peuvent être nommés pour gérer les différentes articles. Le sous-comité de rédaction doit prêter une minutieuse attention sur la grammaire, sur le style clair, sur la précision et sur la ponctuation. On trouvera vers la fin de ce chapitre quelques conseils sur la rédaction de statuts.

CINQUIÈME ÉTAPE: Le comité qui examine et révise le projet. Lorsque le sous-comité de rédaction a terminé son projet, il doit proposé que des statuts soit revu par le comité plénier. Le plus souvent, les règlements subit habituellement plusieurs révisions avant que le sous-comité le présente au comité plénier. Même alors, le projet proposé nécessitera encore probablement une autre révision avant qu'on ne soit prêt à le présenter à l'assemblée.

HL Mencken a dit: «Pour chaque problème, il y a une solution qui est simple, propre, et fausse." L'étape de l'examen est l'occasion pour le comité de vérifier leur projet de règlement pour vraiment se rendre compte qu'il résout les problèmes de l'assemblée sans créer d'autres. Il n'est pas honteux de réviser un même projet plus d'une douzaine de fois. Ernest Hemingway a réécrit la fin de Farewell to Arms trente-neuf fois avant qu'il était satisfait. Quand un journaliste a demandé quel était le problème, Hemingway a répondu: **«Obtenir les mots justes."** Les règlements sont des documents importants. Lors de la rédaction ou des amendements du document de base de l'administration de l'assemblée, il vaut le temps et d'efforts pour obtenir les mots juste. Souvenez-vous que les bons statuts ne sont pas écrites; ils sont réécrits.

SIXIÈME ÉTAPE : Le Président du Comité des rapports à l'Assemblée. Lorsque le comité a approuvé le projet des règlements, le président présente le rapport du comité à une réunion de l'assemblée. Si le comité présente une révision des statuts, le comité et le président de l'Assemblée devraient s'assurer que toutes les exigences relatives aux avis précédents ont été remplies.

La bonne pratique veut qu'on donne à chaque membre d'une organisation une copie écrite des amendements ou des révisions des statuts avant la réunion à laquelle ces amendements et changements seront considérés. Lorsque le temps pour le rapport du comité arrive, la suite de la présentation se fait comme suit :

LE COMITÉ "Monsieur le Président, du comité

LE PRÉSIDENT: « Nous allons suivre la lecture du rapport du comité sur..... Le président du comité ensuite lit les règlements proposés. Si les règlements sont courts et peu compliqués et si les membres ont eu l'occasion de les étudier avant la réunion, le président peut demander le consentement unanime après la première lecture des statuts ; ou on peut l'omettre si les membres le désirent. Dans la plupart des cas, cependant, ils doivent être lus. Lorsque le président du comité a terminé la lecture des statuts, il place la motion pour son adoption:

LE COMITÉ "Monsieur le Président, au nom du comité, je fais la motion d'adopter des règlements.

Comme il est avec d'autres motions proposées par les comités ; de telles motions n'exigent pas d'être secondées. Si les règlements sont courtes, simples, et peu ou pas de modifications sont attendues, le président peut déclarer la question sur leur adoption comme suit:

LE PRÉSIDENT : La question est relative à l'adoption des statuts telle que proposée par le comité. Les statuts sont maintenant ouverts aux amendements. Y a-t-il des amendements ?

SEPTIÈME ÉTAPE: L'Assemblée examine le rapport du Comité et adopte les règlements. La motion visant à adopter des règlements est une motion principale. Comme avec d'autres motions principales, une fois que le président déclare la question sur la motion, l'Assemblée est libre de débattre la question, modifier les statuts proposés, retarder leur considération, ou renvoyer le document au comité pour une étude plus approfondie ou pour révision.

Si des modifications sont proposées à partir des membres, elles sont examinées et votées l'une après l'autre selon les règles régulières régissant la motion d'amendement. Bien que l'adoption d'une révision ou un amendement du règlement nécessite généralement plus d'un vote à la majorité, l'amendement de la révision ou l'amendement lui-même ne nécessite qu'un vote à la majorité.

Si les règlements proposés sont longs, complexes ou contiennent des points controversés, ils devraient être considérés successivement, et même paragraphe par paragraphe. Dans de tels cas, le président du comité ou le secrétaire va lire chaque article ou chaque paragraphe, un à la fois.

Après chaque article ou paragraphe est lu, le président va annoncer qu'il est ouvert aux débats et amendements. Lorsque la modification et la discussion sur cet article est complète, l'article suivant est lu et pris en considération. Aucun article devrait être adopté jusqu'à ce que chaque partie des statuts a été ouverte à l'amendement. Le président du comité devrait expliquer soigneusement chaque section. Lorsque les règlements sont considérés successivement, le président va déclarer la question sur leur adoption de cette façon:

LE PRÉSIDENT: La question est relative à l'adoption des statuts telle que proposée par le comité. Le président du comité va maintenant lire le sous-projet de lois un paragraphe à la fois. Après chaque que paragraphe est lu, il sera ouvert à débat et amendement. Aucun paragraphe ou article sera adopté jusqu'à ce que tous les articles aient été ouverts à l'amendement. Lorsque le dernier paragraphe a été considéré, le président donnera l'ensemble une dernière chance de présenter des amendements supplémentaires pour tout article dans les statuts:

LE PRÉSIDENT: « L'ensemble des règlements est maintenant ouvert à l'amendement. Y a-t-il d'autres amendements?

Si les nouveaux amendements sont proposés lors de l'examen des règlements, l'assemblée peut choisir de voter de remettre encore les règlements au comité pour une étude plus approfondie et recommandations, avec des instructions de reporter autre questions à la réunion ultérieure. On va également reporter l'examen des statuts à la réunion ultérieure afin que les membres puissent penser sur les amendements discutés découlant des considérations initiales des règlements. Quand il n'y a pas d'autres amendements, le président va donc poser la question de l'adoption des statuts:

LE PRÉSIDENT : La question est sur l'adoption des règlements tel que proposés par le comité [ou "modifié"]. Que tous ceux qui sont en faveur de les adopter, disent 'oui.' Que ceux qui sont contre, disent «non». Les « Oui » ont adopté les statuts.

Une première série de règlements pour une nouvelle église ou une organisation est adoptée par un vote à la majorité simple. La révision des statuts de l'organisation doit être adoptée par 2/ 3 de vote. Une fois les règlements adoptés, ils prennent effet immédiatement, à moins que la motion d'adopter les règlements contient une clause qui spécifie autrement. Le vote final pour adopter ou pour amender les règlements doit être compté et les résultats enregistrés dans les minutes.

LE CONTENU DES RÈGLEMENTS

Bien que le nombre réel et le contenu des statuts dépendent de la taille et de la nature de chaque assemblée, les règlements administratifs des articles suivants sont typiques:

ARTICLE I.
LE NOM

Cet article énonce le nom officiel de la organisation. Si incorporé, la charte de l'entreprise indiquera le nom de l'organisation et cet article peut être omis dans les Règlements Intérieurs.

ARTICLE II.
LA MISSION (but ou l'objet)

L'article de la mission indique la ou les finalités pour lesquelles l'assemblée était formée. L'article sur la mission ne devrait pas être plus d'un paragraphe. Il peut même être une seule phrase, avec les divers aspects de l'objectif de l'assemblée écrites en phrases parallèles mises en valeur par des points-virgules. Il devrait être assez générale pour englober complétement les objectifs de l'assemblée ; le vote des 2/3 est requis quand une assemblée envisage faire des affaires qui se pratiquent en dehors de l'établissement et qui des statuts ou une charte. Si l'organisation est incorporée, la déclaration d'intention devrait aussi figurée dans la charte de l'entreprise et pourrait être omise dans les Règlements.

L'article de la mission est le plus important dans l'ensemble du document. Il définit la raison d'être d'une assemblée ainsi que la sens fondamental de sa direction. L'énoncé de la mission devrait dire, d'une façon claire et convaincante pourquoi cette église ou cette organisation particulière existe.

VOICI UN EXEMPLE DE RÈGLEMENT

Article II

Mission.

La mission de l'Eglise de Mvengue-Nazareth est de développer une communauté de chrétiens et chrétiennes fortement enracinés en Christ et près à croître pour ressembler de plus en plus à Christ, notre Seigneur. Nous formons une communauté qui célèbre la présence de Dieu, voulons rester obéissants à sa Parole, guidés par son Esprit, remplis de son amour et sa grâce, et prêts à servir Dieu en servant le prochain. Nous croyons au salut par la grâce, aux pardons de pêchés de quiconque croit en Christ et à une culture spirituelle une .vécue par l'homme nouveau en Christ.

ARTICLE III
DES MEMBRES

Les règlements définissent qui est admissible pour devenir membre de cette congrégation, comment une personne devient un membre, et toutes les exigences spéciales, les droits, privilèges d'être membre. Il faut écrire avec beaucoup de soin le contenu de cette section qui doit contenir des règles qui protégeant les droits fondamentaux des membres et comme ils peuvent aussi les perdre, même par un vote unanime.

ARTICLE IV.

DES OFFICIERS

Des sections distinctes de cet article devrait nommer tous les officiers par leurs propres titres et décrire leurs fonctions, qualifications, le mode de nomination et d'élection, et les termes des offices. Pour de nombreuses assemblées les fonctions des agents peuvent être décrits simplement par cette disposition qui de vient la norme: Ces officiers doivent exercer les fonctions prévues par ces règlements et l'autorité parlementaire adoptée par l'assemblée.

Si la congrégation ou l'organisation exige quelques devoirs particuliers aux officiers, définissez-les et parlez de ces droits dans l'article concernant les agents. Faites attention, qu'aucun devoirs spécifique prévu pour les officiers ne soit omis d'être décrit. Toute mention de droits ou de devoirs spécifiques porte avec elle l'implication que les droits et les devoirs sont spécifiés. Si les règlements ont une section définissant les droits spécifiques des officiers, cette section devrait mettre fin à cette disposition: ... et les autres fonctions applicables à l'Office décrit par l'autorité parlementaire adoptée par le assemblée.

Les règlements devraient spécifier comment les officiers sont nommés (par nomination en pleine séance, par un comité ou par une autre méthode) ; comment on devient candidat et les preuves qui conduisent à l'office ou celles conduisant à sa perte. Une autre méthode de nomination des candidats peut être utilisé lors d'une élection, à condition que, au moment de l'élection, l'assemblée adopte une motion précisant la méthode.

Les règlements devraient également spécifier la méthode par laquelle les agents sont élus qui est par scrutin. Règlements devraient également définir les termes du mandat de tous les officiers. Le libellé suivant est recommandé: Les officiers sont élus au scrutin pour servir pour une durée de an (s).et leur mandat commencera à la clôture de l'assemblée annuelle à laquelle ils sont élus. Il est bon de donner la durée du mandat et le moment de la prise de service. Aussi, il faut se rappeler qu'une assemblée peut annuler le mandat d'un officier et élire un successeur pour remplir le reste du terme. Ceci est possible quand il y a des prévisions disciplinaires qui prévoient l'abrogation du mandat à cause d'une fausse lourde.

ARTICLE V.
DES RÉUNIONS

Les réunions sont les événements de base des assemblées délibérantes. Les statuts devraient fixer la date et le lieu des réunions régulières, l'état comment et par qui les réunions extraordinaires peuvent être convoquées, prendre des dispositions pour une réunion annuelle, et établir un quorum pour toutes les réunions. S'il y a flexibilité pour les dates des réunions régulières, la section sur les réunions régulières devrait être rédigée comme suit: Section sur les réunions régulières de la congrégation. Elles se tiendront le premier dimanche de Janvier, Avril, Juillet et Septembre, sauf ordre contraire de la congrégation ou sur la décision du conseil.... L'article sur les réunions devrait contenir une section séparée prévoyant une réunion annuelle, comme ceci:

Section : La réunion régulière de la congrégation de.... aura lieu le Mardi de la deuxième semaine de Septembre et aura pour but d'élire les officiers, la réception des rapports des officiers et des comités, le vote du budget, et l'établissement des objectifs annuels de la paroisse, le choix des délégués aux assemblées supérieurs etc.... Une autre section doit concerner la convocation de réunions spéciales pour gérer les affaires urgentes qui ne peuvent pas attendre jusqu'à la prochaine réunion ordinaire de **l'Assemblée.**

Par exemple; **Section** : Les réunions spéciales seront convoquées par le Président du Conseil des Anciens à la demande écrite de vingt-cinq membres de la congrégation. La date, l'heure, le lieu, et le but de la réunion devraient être mentionnés dans la convocation. Au moins deux semaines de préavis de la réunion devraient séparer la date de la convocation de la date prévue pour la réunion. La publicité se fera par, convocation individuelle, par annonces au culte de dimanche matin, dans le bulletin d'affiches etc..... U**ne autre section des règlements** devrait établir combien de membres constitueraient le quorum.. Le quorum ne devrait pas être si faible qu'il permet à une minorité représentative de prendre des décisions pour l'ensemble de l'assemblée, ni si trop élevé qu'il serait incapable de tenir des réunions pour raison de ne pouvoir vous ne pouvoir obtenir le quorum. Il faut mettre le quorum juste en dessous du nombre des membres qui assistent habituellement au réunions.

ARTICLE VI.

LE CONSEIL D'ADMINISTRATION

(Anciens, Diacres, Administrateurs, etc.,)

Si l'assemblée a un conseil d'administration, sa composition, ses fonctions et ses pouvoirs doivent être soigneusement définis par les règlements. La section sur les «Conseils» est couverte au chapitre 6

ARTICLE VII.

DES COMITÉS

Les règlements devraient également définir la composition, les fonctions et les pouvoirs de chaque comité permanent. Voir la section sur les "comités permanents" au chapitre 6.

ARTICLEVIII.

DE L'AUTORITÉ PARLEMENTAIRE

La plupart des assemblées adoptent un manuel standard de la procédure parlementaire qui devient leur autorité parlementaire. Cet article peut être une seule phrase qui dit: Les règles contenues dans ce manuel régissent cette assemblée dans tous les cas où elles sont applicables et dans lequel ils ne sont pas incompatibles avec les présents statuts et des règles spéciales d'ordre de l'assemblée peut adopter.

ARTICLE IX.
DES MOTIFICATIONS DES RÈGLEMENTS

Ne pas oublier ce dernier article. Les règlements doivent toujours prévoir leur propre amendement. Un libellé standard pour cet article est: "Ces règlements peuvent être modifiées pendant toute réunion régulière de l'assemblée par un vote des deux tiers, pourvu que l'amendement était présentée par écrit à la réunion ordinaire précédente"

Les amendements des règlements

Une fois que les règlements de l'organisation sont appliqués, ils peuvent être amendés par la motion pour changer quelque chose précédemment adoptée. Les règles régissant cet amendement sont les mêmes que celles qui régissent les principales motions avec quelques   Exigences   ou   exceptions supplémentaires : Une de ces exigences est que l'amendement des règlements exige habituellement un préavis et un vote des 2/3. Les amendements des règlements doivent répondre aux exigences que les règlements fixent afin qu'ils puissent être amendés. Une autre exigence est que tout amendement des règlements doit être dans le cadre de l'article contenue dans la convocation concernant l'amendement. Par exemple, supposons que lors d'une réunion, un membre donne l'avis suivant:

LE MEMBRE: Je donne le préavis que, à la prochaine réunion régulière, je propose d'amender l'article III, Section 3 des statuts de supprimer le mot **dix-huit et insérer** le mot **vingt et un**, de sorte que si elle est amender, l'article serait lu : "Seuls les membres qui ont atteint l'âge de vingt et un ans peuvent participer à des réunions d'affaires ou exercer leurs fonctions dans l'église." En vertu d'un tel avis, l'assemblée pourrait adopter tout amendement des règlements qui fixerait l'âge requis n'importe où entre la disposition actuelle de dix-huit ans et la proposition introduite de vingt et un. L'assemblée ne pourrait pas, toutefois, excéder la mesure de l'avis, par exemple, mettre l'âge requis à vingt-deux ou dix-sept ans. La raison de cette règle est de protéger les membres absents d'être mis à profit par les membres qui pourrait proposer un changement de mineur dans leur avis, puis proposer une modification considérable lorsque l'amendement vient devant l'assemblée pour examen.

Si une proposition de modification des règlements est longue ou concerne plus d'une section du document, on doit le considérer paragraphe par paragraphe.   Un amendement des règlements prend effet immédiatement à moins que la motion de l'adopter spécifie quelque chose différemment. Cette spécification est appelée *« une condition »*. Par exemple, la clause suivante pourrait apparaître à la fin d'une modification des règlements.

. . . à condition, que cet amendement ne va pas en vigueur qu'après la clôture de l'assemblée annuelle à laquelle il est adopté.

Conseils sur les règlements de rédaction et de modifications des règlements

1. Soyez clair.

La première règle dominante dans la construction des règlements est qu'ils soient clairs. Ils doivent dire exactement ce que l'assemblée souhaite qu'ils disent, tout dire et rien dire de plus. Tout au long du processus de la rédaction, le comité des règlements devrait examiner leur travail dans la perspective des officiers et des membres qui utiliseront les règlements après leur adoption. Même la moindre place pour la confusion peut avoir des effets néfastes sur la capacité de l'Assemblée de mener ses travaux. En 1985, le règlement 16 de la Convention de l'Eglise Baptiste du Sud contenait la disposition suivante pour la sélection du Comité de la Convention sur les conseils, les commissions et les comités permanents:

Le Comité sur les conseils, les commissions et comités permanents est composé de deux (2) membres qualifié de chaque état, qui sera désigné à l'convention par le Comité sur les Comités. Au cours de la session de la EBS, un délégué avait tenté de nommer d'autres candidats pendant la session de l'assemblée en introduisant un amendement subsidiaire au quand le Comité avait présenté son rapport de 1985. Le président a d'abord statué que les nominations pendant la session de l'assemblée étaient autorisées, mais qu'elles doivent être introduites étape par étape. Ensuite, un autre délégué a fait appel et le **parlementaire** a mis en évidence que le président avait tord tard ; les nomination des membres des conseils des parlementaires et autres ne se faisaient par pendant les assises de l'assemblée. Seul le comité avait le droit de les nommer. La convention avait seulement élu la liste originale des candidats proposés par le Comité des Comités, mais au juste, la confusion des textes des règlements avait conduit le délégué en erreur en proposant les candidats pendant les assises. Il avait donc fallu éclairer les textes en les changeant de la manière suivantes, « les candidatures pour le Comité sur les conseils, les commissions, et les comités permanents, seront proposées à la Convention par la Comité des comités.".

Le point de cette histoire est que les règlements doivent être clairs. Ils doivent être rédigés de façon à ce qu'ils disent exactement ce qu'ils veulent dire, et dire exactement ce qu'ils disent.

2. Gardez les règlements aussi simple que possible

Comme avec toutes les règles parlementaires, le but des règlements est de faciliter la transaction équitable, ordonnée et efficace des affaires dans les organisations. Un ensemble lourd, trop restrictif dans les règlements étouffera une assemblée et apportera de la frustration au membres qui veulent faire avancer les choses. Par conséquent, les règlements ne devraient pas être **trop détaillées** ou restrictifs que nécessaire en fin de compte, le succès d'une organisation repose sur la sagesse et le jugement exercés par ses membres et ses dirigeants. Aucun ensemble de règlements peut être assez complet pour éviter toute erreur susceptible en toute circonstance. Les statuts doivent définir avec précision la structure de fonctionnement de base d'une assemblée particulière, les droits fondamentaux et obligations de ses membres, et les principes fondamentaux qu'elle souhaite la caractériser pour mener ses affaires. Les règlements devraient guider une assemblée et non l'étouffer. Gardez-les simples.

3. Soyez consistent.

Bien que la variété d'expression est une qualité stylistique souhaitable pour un essai ou un discours, il peut être désastreux dans un ensemble de règlements. Être cohérent veut dire utiliser le même mot ou la même expression pour désigner la même chose dans tout le document. Utilisez des mots différents pour désigner différentes choses. Ne pas utiliser les synonymes. Par exemple, si vous utilisez le mot église pour désigner l'ensemble de vos assemblées en tant que personne morale, y compris les membres, les dirigeants, et les comités, il ne faut pas utiliser le mot» église» à nouveau pour désigner quelque chose d'autre, comme réunion de la congrégation. Utilisez un autre terme comme «l'assemblée ». La cohérence devrait également s'étendre à la disposition des paragraphes ou des sections similaires. Si deux paragraphes sont similaires en substance, il faut leur donner un arrangement similaire. Par exemple, un article définissant la composition, l'élection, les devoirs des comités permanents doit être composé des sections parallèles:

Section 3. Le Comité des finances composé du trésorier et de quatre diacres doit être élu par le congrégation à la réunion annuelle. Le comité doit

.... **Section 4.** Le comité composé de cinq jeunes doit être nommé par le ministre de la Jeunesse avant l'assemblée annuelle. Le comité doit .... Le parallélisme entre cohérence et la disposition aide les rédacteurs et les membres de reconnaître et de comparer des dispositions similaires dans les règlements. La reconnaissance et la comparaison sont importantes pour les rédacteurs pour améliorer la précision du projet ; elles sont importantes aux membres pour faciliter l'utilisation des règlements.

4. Utilisez le Présent et le Mode indicatif.

Les règles qu'on veut permanentes, y compris pour les règlements, doivent être rédigées d'une manière qui s'applique à tous les temps et c'est exactement cela que fait le présent de l'indicatif. Seul le présent doit être utiliser pour rédiger les règlements. Pour éviter toute ambiguïté ou confusion, les mots doivent être utilisés pour transmettre des actions pour faire, accomplir quelque chose, pour agir ou de ne pas agir. S'il s'agit d'une règle de conduite, utilisez «doit». S'il s'agit d'un résultat, utilisez l'indicatif présent. Par exemple, ne dites pas, "Tout croyant baptisé sera éligible pour devenir membre de l'église." Dites: "Tout croyant baptisé est admissible....».

5. Gardez l'unité des textes :

Placez comme une unité et ensemble tout ce qui concerne un seul sujet. L'utilisation intensive des renvois rend le document difficile à utiliser. Soyez particulièrement prudent d'inclure des exceptions dans les phrases auxquelles elles s'appliquent.

SOUS FORME DE RÉSUMÉ

Comme nous l'avons noté dans l'introduction, la meilleure façon d'éviter un malentendu est d'avoir une bonne compréhension. Un bon jeu de règlements constitue un accord entre les membres d'une assemblée afin de mener leurs activités d'une manière particulière. Lorsque les agents et les membres se connaissent et se comportent selon un ensemble de règles, il y a très peu de chance de frustration, de malentendu et de troubles. Qu'on soit un membre, responsable ou dirigeant, il faut devenir familier avec les règlements. On doit les garder à portée de la main pour travailler normalement dans une assemblée. Il faut les amender ou les réviser seulement que quand on a appliqué ce que dit les textes et que cela s'avère erroné. Mais ne pas le faire pour avantager les uns ou les autres et non les objectifs de l'organisation. Tous les membres d'une assemblée doivent avoir une copie des règlements en vigueur.

REMARQUES :

Sur le point de vue juridique, les règlements d'une église ou la Charte d'entreprise sont l'organe suprême comme règles régissant ses activités. Cependant, comme nous l'avons noté dans le premier chapitre, la Bible est au-dessus de toutes les règles et règlements que l'homme établit pour réglementer les rassemblements religieux où il s'assemble avec d'autres serviteurs de Dieu pour résoudre les questions et problèmes de l'Eglise de Christ sur terre. Les règlements doivent être considérés comme un accord écrit de la façon dont une église donnée applique les principes de le Bible à l'administrer ses affaires.

LEXIQUE

Abstention: S'abstenir de voter, un membre a le droit de s'abstenir de voter sur toute question.

Ajourner: Fermer officiellement une réunion. La motion d'ajournement est usuellement une motion privilégiée.

Adopter: Pour adopter une motion par un vote, il faut une motion.

Adopter un rapport: Approuver tout le contenu qui est dans un rapport pour qu'il devienne officiel.

Affirmatif: Quand le nombre des membres votant « oui » dépasse ceux qui ont voté « non ».

Ordre du jour: La liste officielle des éléments d'activités prévues au cours d'une réunion ou un congrès.

Amender: La motion subsidiaire modifie le libellé d'un autre motion.

Amender les quelque chose précédemment adoptée: La motion réparatrice pour changer le libellé d'une motion adoptée lors d'une réunion précédente.

Annoncer le résultat d'un vote: L'annonce officielle par le président quand une motion est adoptée/ rejetée.

Annuler: La motion réparatrice pour annuler une mesure prise lors d'une réunion précédente.

Assemblée annuelle: une réunion annuelle pour élire les officiers et entendre les rapports annuels des officiers et des comités.

Appel: La motion incidence permet à l'assemblée de maintenir ou d'annuler une décision de la présidence.

Approbation du procès-verbal: L'acceptation formelle par l'assemblée des minutes du secrétaire d'une réunion, ce qui fait de ces minutes les papiers officiels des travaux de l'assemblée.

Ayes: Les membres votent en faveur d'un vote oral. **Vote sur scrutin**: Toute méthode de voter qui permet à l'électeur d'exprimer son choix secrètement. Les ballots de vote sont généralement des morceaux de papier ou de vote par une machine.

Appeler un membre à l'ordre: L'ordre du modérateur adressé à un membre de s'asseoir parce qu'il est désordonné ou a violé une règle relative à la bienséance pendant le débat.

Appel à l'ordre du jour: La motion privilégiée qui

exige que le modérateur respecte l'ordre du jour quand il a omis de le faire. La motion est une demande qui peut être faite par un seul membre et ne nécessite pas un vote.

Appel à l'ordre: La déclaration officielle par le modérateur que la réunion a commencé.

Appel de la réunion: (Convocation) L'avis officiel d'une réunion spéciale donnée à chaque membre d'une assemblée.

Assemblée délibérante: Un groupe de personnes réunies pour discuter et décider collectivement sur les mesures à prendre au nom du groupe entier.

Affaires courantes: Travaux ou questions non finies, non adoptées

Autorité parlementaire: Le manuel parlementaire adopté par une assemblée comme guide parlementaire et rôles généraux de l'ordre.

Avis précédent: La notification formelle des membres qu'une réunion aura lieu ou qu'une certaine action sera proposée lors d'une réunion.

Abrogation: Voir Résilier.

Cravate Vote: Un vote qui est également divisé entre l'affirmatif et la négatif. A égalité de voix n'est pas une impasse mais a le même effet qu'un vote négatif.

Conseil: Un type spécial de comité, généralement composé de dirigeants de l'assemblée et des autres administrateurs, qui régit une assemblée ou supervise ses affaires entre les réunions des membres affiliés.

Commit: Un autre nom pour la motion de renvoi en commission.

Comité: Un groupe de membres à qui un assemble été confié certaines tâches spéciales. Les comités sont généralement créés pour étudier ou enquêter sur une question, et de recommander des mesures, ou d'agir au nom de l'assemblée dans une certaine matière.

Considérer: discuter et décider d'une requête pendante.

Convention: une assemblée de délégués qui représentent les éléments constitutifs d'une organisation et agissent au nom de l'ensemble du groupe.

Charte d'entreprise: Un document juridique, accordé par l'Etat, qui définit le but et la structure d'un corps constitué. Considérant que les règlements sont un accord entre les membres d'une organisation, une charte est un accord entre une organisation et le gouvernement qui émet la charte.

Commission de vérification: Le comité de l'assemblée qui enregistre les délégués, vérifie leurs pouvoirs, et présente à l'assemblée une liste de délégués inscrits.

Consentement général: Une méthode informelle du vote par hypothèse de l'approbation unanime d'une motion ou d'une action à moins que certains membres s'opposent.

Comité du programme: Le comité de l'assemblée qui planifie et propose un ordre complet des travaux de la assemblée.

Comité spécial: Tout comité temporaire créée pour effectuer une tâche

particulière et qui cesse d'exister quand cette tâche est terminée.

Commande spéciale: Une motion reportée par un vote des deux tiers qui est permise d'interrompre quelques affaires que l'attente lorsque le temps pour l'examen arrive.

Comité permanent: Tout comité permanent, habituellement qui est établi par les règlements, qui effectue une fonction continue.

Consentement unanime: Voir consentement général

Comité des Règles: Le comité d'une assemblée qui rédige et présente un ensemble de règles permanentes de l'assemblée.

Décision: Toute décision déclarée du modérateur qui se rapporte aux questions de procédure lors d'une réunion. **Deuxièmement**: Pour indiquer formellement de celui de la volonté d'examiner une motion vient d'être faite par un autre membre.

Dans l'ordre: Toute action qui, à un moment donné, peut être fait en vertu des règles est dite être dans l'ordre.

Débat: La discussion formelle d'une motion par les membres lors d'une réunion.

Discutables: les motions qui peuvent être débattus sont dites être discutables.

Délégué: Un membre votant d'une assemblée.

Demande: Tout appel pour une action parlementaire

Décharger un comité: La motion réparatrice qui retire d'un comité une question qui lui a été référée

Dispenser de la lecture du procès-verbal: Reporter la prochainement la lecture et l'approbation du procès-verbal

Division d'une question: La requête incidente pour

diviser une question pendante qui est composée de plusieurs parties indépendantes afin que les parties puissent être examinées et votées séparément.

Division de l'Assemblée: La motion incidence demandant au modérateur de reprendre le vote ; ceux en faveur se lèvent et les contre s'assoient ensuite le compte se fait. La motion est une demande qui peut être faite par un seul membre et ne nécessite pas un vote.

Enquête parlementaire: La requête incidente utilisée par un membre de diriger une question de procédure contre l'officier.

Éliminer: Retirer une motion de l'examen par le vote : adopter, rejeter, reporter, ou déposer la motion.

En attente: Une motion est dite en attente à partir du moment qu'elle est indiquée par le modérateur jusqu'à ce qu'elle ait été statuée, adoptée ou rejetée par le vote.

Fixer le temps de l'ajournement: La motion privilégiée pour régler l'heure pour une autre réunion de poursuivre les activités de la présente session.

Hors d'Ordre: Toute action qui viole les règles de l'assemblée est dite être hors d'ordre.

Ihble: Voir trouvait sur la table.

Ifoke De l'Ihble: La motion réparatrice pour

ramener pour un nouvel examen d'une motion déjà mis sur la table.

Iteller : Un membre nommé par le président de l'aider à compter les votes.

Livo tiers des voix: Au moins deux tiers des votes exprimés juridiques. Dans les deux tiers voter le nombre de voix positives soit au moins le double des voix négatives.

Lecture et adoption du procès-verbal: Voir approbation du procès verbal.

Levée la séance: Mettre fin à une réunion ordinaire ou extraordinaire avec prévision de continuer plus tard afin de terminer l'ordre du jour.

Limiter ou étendre les débats: La motion subsidiaire qui fixe ou étend un délai précédemment fixé pour la discussion d'une question en suspens ou d'un débat en général.

Motions privilégiées: La classe des motions qui ont rien à voir avec les questions en suspens, mais à certaines questions impérieuses importance. Les motions privilégiées : L'appel à l'ordre du Jour, la question de privilège, le repos, ajourner, et fixer le délai à laquelle d'ajournement.)

Motions de procédure: motions qui traitent des

questions de procédure plutôt que des propositions de fond comme les motions .

Membre Ex-office: Un membre qui sert dans un comité ou une commission en vertu de la tenue d'un autre poste ou fonction.

Motion principale incidence : Une subsidiaire, une privilégiée, ou une motion accessoire qui est faite alors qu'aucune autre question est en instance et est, par conséquent, traitée comme une motion principale.

Motions incidence: La classe de motions qui prennent soin des questions de

Motion principale: La classe de motions qui introduisent des sujets dans une réunion

Motion: une proposition formelle faite par un membre lors d'une réunion pour que l'assemblée dise ou fasse quelque chose.

Mettre la question: Le modérateur met la question sur une motion lors ce qu'il prend la parole. ,

Mains levées: un vote en demandant l'affirmatif, le négatif de lever la main, avec le jugement du président quel côté se trouve la majorité.

Motions subsidiaires: La classe de motions qui aident une assemblée dans l'élimination des principales motions. Les motions subsidiaires sont: de reporter indéfiniment, de modification, reportez-vous à commission, de renvoyer à un certain moment, de limiter ou d'étendre débat, la question précédente, et de poser sur la table.

Motions réparatrices: La classe des motions qui ont trait au retour pour un nouvel examen d'une question dont l'assemblée est saisie, mais a déjà été éliminés.

Nouveaux travaux: Toute nouvelle question à prendre en considération dans une réunion.

Négatif: Les membres ayant voté « non » sur un vote compté

Noes: Les membres ayant voté non sur un vote de vive voix.

NOTICE: Voir l'avis précédent.

Objection: L'expression formelle de l'opposition par un membre concernant une action proposée.

Ordonnance générale: Une motion qui est prévue pour être examinée lors d'une réunion sans moment précis ou fixé pour sa considération.

Ordre des Travaux: L'ordre adopté selon lequel différentes classes des travaux seront prises lors d'une réunion.

Ordre du jour: les questions qui ont déjà été

;prévues pour être prises à une certaine réunion ou un certain temps.

Président: Le président ou le modérateur d'une assemblée délibérante.

Prendre la parole: Un membre **"prend la parole"** lorsque le modérateur lui accorde la parole. Tant qu'il "a la parole" il est le seul membre ayant droit de présenter une motion ou de parler, quand il a fini de parler ou que son temps de parler a expiré, le membre est dit **"cède la parole"**

procédure qui se posent lors de la manipulation des affaires d'une réunion.

Présenter une motion: Formellement proposer une motion pour la considération de l'Assemblée et décision.

Procès-verbal: Le compte rendu officiel des travaux d'une assemblée.

Poser une question sur le Table: La motion subsidiaire temporairement mise à part en attendant la fin de discussions d'une question plus urgente et elle pourra être immédiatement considérée.

Parlementaire: Un expert en procédure parlementaire dont le devoir est de conseiller le modérateur sur les questions de procédure lors d'une réunion.

Procédure parlementaire: Les règles et coutumes qui régissent les assemblées délibérantes.

Point d'information: La requête incidence utilisée par un membre pour diriger une question factuelle contre l'officier qui préside ou par lui à un autre membre.

Point d'ordre: La requête incidence qui attire l'attention du modérateur à une faute des règles.

Priorité: le rang parlementaire est une motion, qui détermine quand elle peut être introduite, considérée, et soumise à un vote.

Question précédente: La motion subsidiaire qui ferme le débat et apporte une question pendante à un vote.

Question immédiatement en attente : La dernière motion déclarée par le modérateur et, par conséquent, ouverte pour examen par l'assemblée.

Question: Une motion ou proposition soumise à une assemblée pour leur décision. La requête pendante immédiatement est généralement appelée la question.

Question privilégiée: La motion privilégiée qui permet à une assemblée d'interrompre les affaires en cours pour s'adresser à une question urgente qui concerne le confort, la sécurité ou l'intégrité de l'ensemble ou d'un membre individuel.

Quorum: Le nombre ou le pourcentage de membres qui doivent être présents afin de mener légalement des affaires à une réunion.

Réunion: Une réunion officielle des membres d'une assemblée délibérante pour traiter les questions/problèmes

Rapport de la minorité: Un rapport par les membres d'un comité qui souhaitent exprimer formellement leur désaccord avec le rapport du comité.

Règlements: (Intérieur). Les règles auto-imposées ; les bases d'un ensemble qui définit son but, la structure et le gouvernement interne. Voir aussi Charte d'entreprise

Réunion convoquée: Une réunion spéciale.

Reporter indéfiniment: La motion subsidiaire qui supprime ou une motion principale sans la permettre de venir à un vote direct.

Remettre à un certain moment: La motion subsidiaire qui retarde la considération d'une question en suspens jusqu'à un certain temps ou jusqu'à ce que après; un certain événement.

Rang: La position d'une motion dans l'ordre de

préséance.

Recevoir un rapport: Pour permettre formellement à un comité ou à un agent à présenter un rapport.

Repos: La motion privilégiée de prendre une courte pause dans une réunion sans pour autant lever la séance.

Reconnaissance: L'attribution formelle de la parole par le modérateur à un membre qui désire parler ou faire une motion.

Recommandation: Une motion présentée par un officier ou un comité durant la présentation d'un rapport à l'assemblée.

Reconsidérer: La motion réparatrice pour ramener pour de plus amples considérations d'une motion qui a été votée plus tôt dans la rencontre.

Reconsidérer et Entrée sur le procès-verbal: Une forme particulière de la motion de réexamen qui permet à deux membres de suspendre l'action sur une motion principale jusqu'à la prochaine réunion.

Reporter au Comité: La motion subsidiaire d'envoyer une requête pendante à un comité pour une étude plus approfondie ou pour une action.

Réunion ordinaire: Les séances de travail périodiques énoncées d'avance pour une organisation permanente.

Rapport: Une déclaration officielle d'un officier ou d'un comité au sujet de certains sujets que l'assemblée a attribué à cet agent ou comité.

Résolution: Une motion présentée qui indique formellement la position de l'assemblée sur une question.

Règles de procédure: Les règles d'une assemblée qui se rapportent à des questions de procédure dans les réunions.

Réunion spéciale: Une assemblée convoquée pour traiter une affaire urgente qui ne peut pas attendre la prochaine réunion ordinaire.

Règles d'une assemblée qui se rapportent aux politiques administratives générales: Règles débout. Indiquant la question; La déclaration formée d'un mouvement à la assemblée par le président après qu'il a été proposée et appuyée.

Suppléant: Pour modifier une motion en proposant de la remplacer par une nouvelle motion sur le même sujet.

Suspendre les règles: La requête incidence de prendre une action qui serait normalement violer les règles de procédure de l'Assemblée.

Statuts: Voir Charte d'entreprise.

Session exécutif: Toute réunion ou une partie d'une réunion qui se tient en secret ou appart.

Secrétaire: Le dirigeant d'une assemblée délibérante qui enregistre les délibérations de l'assemblée **Session:** Une réunion ou série de réunions qui mène un programme unique. Si une assemblée nécessite plusieurs réunions pour compléter l'ordre du jour, comme dans une assemblée, chaque collecte séparée est convoqué une réunion et la série de réunions est appelé une session.

Tactiques dilatoires : Toute utilisation abusive de la procédure visant à entraver l'entreprise.

Travaux inachevés : Tout élément de l'affaire laissé par une réunion précédente qui a ajournée avant la fin de son ordre du jour.

Voter à la majorité: Plus de la moitié des suffrages exprimés pour une motion ou un candidat.

Vote levé: un vote en demandant l'affirmatif de se lever, alors le négatif reste assis, avec le jugement du modérateur de quel côté se trouve la majorité

Voter par voix: Un vote pris en demandant à tous en faveur d'une motion pour dire oui, puis ceux qui sont opposés à dire non, laissant le président de juger quel côté est dans la majorité par le volume de chaque réponse.

QUESTIONS LES PLUS FRÉQUENTES

1. Can le président vote ? Si un membre, le président a le droit de vote, et ce, dans de petites planches de pas plus d'environ une douzaine de membres présents. Dans de grands assemblages, le président (qui a le devoir de maintenir une apparence d'impartialité) peut voter lors de son vote aurait une incidence sur le résultat: à faire ou défaire une cravate ou de faire ou d'empêcher un vote des deux tiers, ou lorsque le vote est par scrutin (en même temps que tout le monde).

 2. Est-ce que le président peut faire une motion? Oui, le président, si un membre, a le même droit de présenter une motion que tout autre membre. Dans les petits groupes d'une douzaine de membres présents, le président participe généralement aux discussions comme les autres membres. Cependant, s'agissant d'une assemblée, le président a le devoir de rester impartial, donc ne serait habituellement pas en position de faire directement une motion. Le président pourrait dire, par exemple, "Le président peut exprimer son opinion ..." et puis attendre qu'un membre le fasse, ou, s'il y a une motion visant à suspendre les règles ; c'est dans cette manière que le

président peut l´également faire une motion. ou "Si il n'y a pas d'autres affaires à venir avant la réunion, cette réunion va maintenant lever la séance. [pause] Audition pas, la séance est levée." Donc, vous voyez, sans réellement directement faire une motion, le président ne peut accomplir à peu près la même chose sans compromettre ouvertement son impartialité. Une autre option est de demander à quelqu'un avant la réunion pour présenter une motion que le président veut être considérée. Après tout, le président est un membre, lui aussi, et a tout autant le droit d'avoir les choses aller comme il le souhaite comme tout autre membre. Accepter le poste de président ne supprime pas les droits en tant que membre. .

3. le président peut-il entrer dans le débat? Dans les petits groupe d' une douzaine de membres, oui. Dans de grandes assemblées, si le président souhaite débattre, il elle doit renoncer à la présidence et le vice-président ou un autre membre prendrait sa place jusqu'à ce que la question soit tranchée, avant de reprendre la présidence.

4. Puisse un membre ex-officio, vote, fasse de motions, ou débatte ? Oui, le terme «ex officio», lorsqu'il n'y a pas de règle écrite traite autrement, fait référence à un membre du groupe pas une «classe» d'adhésion. Il est membre (en vertu de l'office), et non par les droits. Si les membres officiers doivent être restreint, cela doit être écrit dans les statuts. Sinon, les membres en office ont les mêmes droits que les membres élus ou nommés.

5. Les règlements peuvent-ils être suspendus? Seuls les règlements qui sont clairement de nature des règles de l'ordre peuvent être suspendus.

6. Si un membre du comité est candidat peut-il être nommé? Oui.

7. Un membre peut-il se présenter comme candidat pour un office? Oui. Il n'y a aucune règle qui le lui empêche.

8. Les candidats peuvent-ils voter pour eux-mêmes? Oui. Il n'y a aucune règle

9. Doit le Président, il est désigné, démissionner de la présidence lors de l'élection? Oui.

10. Une exigence de statuts pour un bulletin de vote peut être suspendu si il y a un seul candidat pour chaque poste? Non, un tel règlement ne peut pas être suspendu, même par un vote à l'unanimité ou le consentement unanime.

11. Qu'est-ce qu'une écriture vote? Lors d'un vote au scrutin secret, un membre peut écrire un nom sur le bulletin de vote, ce qui est un vote pour cette personne, plutôt que de voter pour un candidat dont le nom figure déjà sur le bulletin de vote.

12. Le Président a démissionné, et maintenant? Le vice-président devient automatiquement le président pour le reste du mandat du président.

13. Existe-poste ou téléphone votes d'accord? Non, sauf si autorisé par les statuts

14. Quand quelqu'un crie "question!", Doivent débattre cesse? No. question précédente est le mouvement propre pour cela, et un membre doit être reconnu par le président de déplacer la question précédente, et pas seulement le crier de leur siège. Si reconnue et appuyée, il est pas discutable, et nécessite un vote des deux tiers pour être adoptée. Si elle est adoptée, le débat cesse et un vote sur la question en attendant immédiatement.

15. Quand est-ce une démission en vigueur? La démission est en fait une demande à être dispensé de l'obligation. Il est efficace seulement après la démission a été acceptée par l'autorité de nomination ou d'élection, à moins que les statuts disent le contraire.

16. Combien de temps un membre de prendre part au débat? Dix minutes, à moins d'obtenir le consentement de l'Assemblée pour parler plus (vote des deux tiers), puis une seconde fois pendant 10 minutes après tout le monde a été donné une chance de parler une fois. Si le débat est clos avant que le député a eu l'occasion de faire un discours ou d'un second discours, nul ne peut être faite.

17. non-membres ont le droit d'assister ou prendre la parole lors des réunions? Non, non-membres ont aucun droit à la procédure. Toutefois, une demande peut être accordée à assister par un vote à la majorité ou de consentement unanime, mais il nécessite un vote des deux tiers de suspendre les règles pour permettre à un non-membre de parler dans le débat.

18. Les membres Do qui ne sont pas membres du conseil d'administration ont le droit d'être présent ou de parler lors des réunions du conseil d'administration? Non Voir la réponse à # 17, que les non-membres ont aucun droit aux délibérations du Conseil.

19. Est-ce qu'un membres d'une organisation peut

avoir accès aux procès-verbaux du conseil d'administration?

20. Les membres d' une assemblée peuvent adopter un ordre du jour par vote à la majorité, et peuvent le modifier avant son adoption. Après il est adopté, un amendement à l'ordre du jour nécessite un vote des deux tiers, ou à un vote d'une majorité de l'ensemble des membres, ou le consentement unanime.

. 21. Quel est le quorum? Il est le nombre minimum de membres ayant droit de vote doivent être présents lors d'une réunion dans le but de faire des affaires, généralement spécifiée par les statuts. Si non spécifié dans les règlements, puis dans la plupart des sociétés le quorum est la majorité de l'ensemble des membres. Dans un corps de délégués, le quorum est la majorité des membres inscrits comme participants. Dans les organisations sans un registre fiable des membres, le quorum à une réunion ordinaire ou bien est appelé ceux qui fréquentent. Lors d'une réunion de masse, le quorum est constitué des personnes présentes à l'époque.

26. Comment comptez-vous abstentions? Dans le cas habituel, les abstentions ne sont pas comptées.

www.ingramcontent.com/pod-product-compliance
Lightning Source LLC
Chambersburg PA
CBHW071333280526
45787CB00001B/88